STEAM
高中课例精编（上）

| 丛书主编 | 张海银 | / | 主编 | 陈 翠 | 陈敏华 |

参编人员　徐善羡　王　鑫　曾翠蓉　陈　婷
　　　　　吴烨东　洪桂榕　范亚辉　周　笑
　　　　　温榆华　张　佑　夏榕蔓　林艳华
　　　　　刘承甲　杨　明　吴青茂　腾格尔

电子工业出版社

Publishing House of Electronics Industry

北京·BEIJING

未经许可，不得以任何方式复制或抄袭本书之部分或全部内容
版权所有，侵权必究

图书在版编目（CIP）数据

STEAM 高中课例精编. 上／陈翠，陈敏华主编. —北京：电子工业出版社，2021.4
（STEAM 教育系列）
ISBN 978-7-121-41083-3

Ⅰ. ①S… Ⅱ. ①陈… ②陈… Ⅲ. ①中学物理课–高中–教学参考资料 Ⅳ. ①G634

中国版本图书馆 CIP 数据核字（2021）第 075651 号

责任编辑：毕军志　　特约编辑：王黎黎
印　　刷：北京天宇星印刷厂
装　　订：北京天宇星印刷厂
出版发行：电子工业出版社
　　　　　北京市海淀区万寿路 173 信箱　邮编 100036
开　　本：787×1 092　1/16　印张：11.75　字数：302.4 千字
版　　次：2021 年 4 月第 1 版
印　　次：2022 年 2 月第 3 次印刷
定　　价：43.80 元

凡所购买电子工业出版社图书有缺损问题，请向购买书店调换。若书店售缺，请与本社发行部联系，联系及邮购电话：(010) 88254888，88258888。

质量投诉请发邮件至 zlts@phei.com.cn，盗版侵权举报请发邮件至 dbqq@phei.com.cn。

本书咨询联系方式：(010) 88254416。

前　　言

　　STEAM 是科学（Science）、技术（Technology）、工程（Engineering）、艺术（Arts）和数学（Mathematics）的统称。STEAM 教育是一种培养创新型人才的教育新范式，旨在打破学科领域的界限，倡导基于项目的学习方式，强调体验性和实践性。STEAM 教育以学科融合的方式让学生掌握知识与技能，在解决实际问题中重点培养学生的科学素养、创新思维和实践能力。

　　《STEAM 高中课例精编》是由 50 多位来自国内外的优秀高中理科和信息技术教师、工程师、设计师紧密结合相关国家课程标准精心编写的，分为上、中、下三个分册，每个分册包含"学生用书"和"教学参考"两部分。"学生用书"供师生在课堂上共同使用，利用贴近日常生活的情境引入工程学挑战，引导学生按照工程设计流程开展实践活动。学案式的活动记录为教师对学生进行过程性评价和总结性评价提供依据。"教学参考"为教师备课提供帮助，涵盖科学与工程学实践、学科核心概念、跨学科概念三个维度的教学目标。

1. 教学建议

　　（1）教师要帮助学生认识数学和科学之间的内在联系，要引导学生在已经学过的数学和科学课本中、在图书馆中、在网络中查阅与 STEAM 活动主题有关的核心概念和基础知识，帮助学生收集资料、提出问题和撰写资料查阅报告，组织学生召开资料查阅总结报告会。

　　（2）教师要允许学生在活动中犯错误，把学生的错误看作重要的教学资源。

　　（3）教师要引导学生掌握解决问题的一般方法：确定问题、研究问题、提出方案、选择方案、制作原型、测评原型、重新设计和交流方案。

　　（4）教师要引导学生关注当今社会迫切需要解决的问题。

　　（5）教师要在课堂中运用团队合作的方式，帮助学生建立合作小组，指导学生分工和协作。

　　（6）教师要在课堂中尽量运用新技术，为学生开展活动提供必需的仪器和设备，保障学生在实际操作过程中的安全。

　　（7）教师要有意识地将学生所学知识与相关职业联系起来，指导学生完成自我评价和活动总结，组织学生召开总结报告会。

2. 教学环节

　　（1）资料查阅：教师要为学生提供资料查阅的路径和方法，使学生学会收集信息，学会提出问题，学会撰写资料、查阅报告。

　　（2）小组合作：教师要帮助学生建立合作小组，给各组的学生指定正式角色，指导学生分工和协作，使学生学会分工和协作，学会支持相同观点和提出不同意见，学会用数据说话。

（3）设计操作：教师要为学生开展设计和操作提供必要的器材，使学生学会创造性想象和解决实际问题，学会设计模型和撰写设计方案，学会收集数据、记录数据和分析数据。

（4）反思总结：教师要指导学生完成自我评价和活动总结，使学生学会收集反馈信息，学会自我评价，以及撰写总结报告。

3. 学习流程

（1）组建3~4人的团队合作小组。

（2）查阅与活动主题相关的资料。

（3）确定与活动有关的模型设计方案及所需的材料。

（4）画一张该模型设计草图。

（5）制作相应的模型。

（6）测试模型。

（7）评价模型的性能。

（8）讨论如何完善模型。

（9）改进模型设计。

（10）重新测试模型，并评价模型的性能。

（11）分享实验结果。

目　　录

第一部分　学生用书

课例 1　玩转迷你高尔夫 ………………………………………………………… 2
课例 2　基于 Arduino 的灯光雕塑设计 ………………………………………… 9
课例 3　产品设计中的"逆向工程" ……………………………………………… 14
课例 4　测量摩天大楼的高度 …………………………………………………… 22
课例 5　神奇的离心现象 ………………………………………………………… 26
课例 6　桥梁搭建 ………………………………………………………………… 32
课例 7　环保助手——家用垃圾分拣器 ………………………………………… 39
课例 8　夜间便携警示标识的设计与销售 ……………………………………… 46
课例 9　基于传感器的电磁辐射强度的测量 …………………………………… 53
课例 10　如何提高太阳能反光板的发电效率 ………………………………… 58
课例 11　制作"超级马里奥兄弟"游戏实景体验端 …………………………… 64
课例 12　兰花自动浇水设计 …………………………………………………… 69
课例 13　多功能折叠鞋的设计与制作 ………………………………………… 75
课例 14　社区智能交通信号灯的设计 ………………………………………… 78
课例 15　妙用简单机械 ………………………………………………………… 83
课例 16　多彩喷泉 ……………………………………………………………… 88

第二部分　教学参考

课例 1　玩转迷你高尔夫 ………………………………………………………… 96
课例 2　基于 Arduino 的灯光雕塑设计 ………………………………………… 102
课例 3　产品设计中的"逆向工程" ……………………………………………… 106
课例 4　测量摩天大楼的高度 …………………………………………………… 113
课例 5　神奇的离心现象 ………………………………………………………… 117
课例 6　桥梁搭建 ………………………………………………………………… 122
课例 7　环保助手——家用垃圾分拣器 ………………………………………… 127

· V ·

课例 8	夜间便携警示标识的设计与销售	138
课例 9	基于传感器的电磁辐射强度的测量	142
课例 10	如何提高太阳能反光板的发电效率	147
课例 11	制作"超级马里奥兄弟"游戏实景体验端	151
课例 12	兰花自动浇水设计	156
课例 13	多功能折叠鞋的设计与制作	160
课例 14	社区智能交通信号灯的设计	164
课例 15	妙用简单机械	168
课例 16	多彩喷泉	173
附录 A	任务反思表	178
附录 B	合作评价量表	179
附录 C	展示与交流模块相关的建议和格式	180

◎ 第一部分

学生用书

课例1 玩转迷你高尔夫

一、引言

工程师是做什么的？他们设计、测试、创建新产品或改进现有的产品结构、系统等。他们每天都要解决实际问题，利用科学和数学知识来设计和建造项目。在特定领域工作时，他们非常了解与这些领域相关的学科知识，以创建最佳的解决方案。这就是工程师深入研究数学和科学的原因。

创意本身并不产生产品。一些工程师完成了从创意的种子到在市场上销售产品的所有创建过程，而另一些工程师则专注于深度完成设计过程的一部分，如测试原型等。不同的工程师各自从事不同的行业，从设计汽车、水坝、假肢、智能手机、洗发水和泡泡糖，到设计冒险主题公园和迷你高尔夫球场。

有趣的迷你高尔夫推杆球洞是怎么设计出来的？工程师首先需要学习与他们想要解决的问题相关的数学知识和科学规律，然后将这些知识和规律应用于设计复杂的模型。他们知道纸面设计可能与现实世界和预期的设计不一样，实际数据与理论上的计算值不同，因此要通过测试才能知道哪些设计有效，哪些设计仍需更改。工程师每天都会面对失败，但失败是取得成功的关键和必要步骤！工程师总是从设计的模型开始测试，发现差异，进而改进设计并再次测试，推进产品的改进。这是一个迭代的过程。

本课例中，我们将应用已经学过的几何知识和科学知识，利用如量角器这样的几何工具和钻头这样的建造工具，像工程师一样进行实践。

二、任务挑战

设计并建造一个迷你高尔夫推杆球洞。

三、活动准备

（一）材料用具

- 量角器和三角板
- 直尺或带金属边的直尺、卷尺
- 高尔夫球（小组间可共享）
- 装有 GeoGebra 软件的联网计算机（可选）
- 钢角接头，每组需4个（固定球洞框架）
- 螺丝钉
- 绘图纸和铅笔
- 计算器
- 推杆（球杆）（小组间可共享）
- 木料 50mm×100mm，约 5m（制作球洞框架）
- 锯（仅教师使用）
- 钻头

材料说明：

可使用与新木料和钢角接头效果一样的再生木料与旧钢角接头，以降低成本。同时，为了进一步降低成本，也可使用钉子代替钢角接头，使用胶带、厚纸板代替木材。

(二) 安全事项

(1) 未经教师同意不得使用实验室的任何器材。

(2) 不要太用力击球，防止弹起并击中他人。

(3) 在使用各种工具时，应掌握正确的使用方法，避免受伤。切割木料和钻孔交给教师完成。

(三) 知识回顾

倾斜偏转：当高尔夫球在墙等表面上反弹时，入射线与反射线不在同一直线上，发生偏转。

入射角：入射线和过入射点与入射面垂直的法线之间的夹角。

反射角：反射线和过入射点与入射面垂直的法线之间的夹角。

(四) 热身活动

(1) 使用量角器测量角度。

(2) 练习在木料上安装螺丝钉。

(3) 练习使用 GeoGebra 软件。

利用 GeoGebra 软件（智能手机 APP：GeoGebra；计算机端下载地址 https：//www.geogebra.org/download，亦可登录 https：//www.geogebra.org/在线绘图）可以画点、向量、线段、直线、多边形、圆锥曲线，甚至函数，还可以改变它们的属性；也可以直接输入方程和点坐标进行绘图。GeoGebra 软件具有处理变量（数字、角度、向量或点坐标）的能力，也可以对函数做微分、积分计算，找出方程的根或计算函数的极大值和极小值，同时，具备处理代数与几何问题的功能。GeoGebra 软件的使用界面如图 1-1-1 所示。

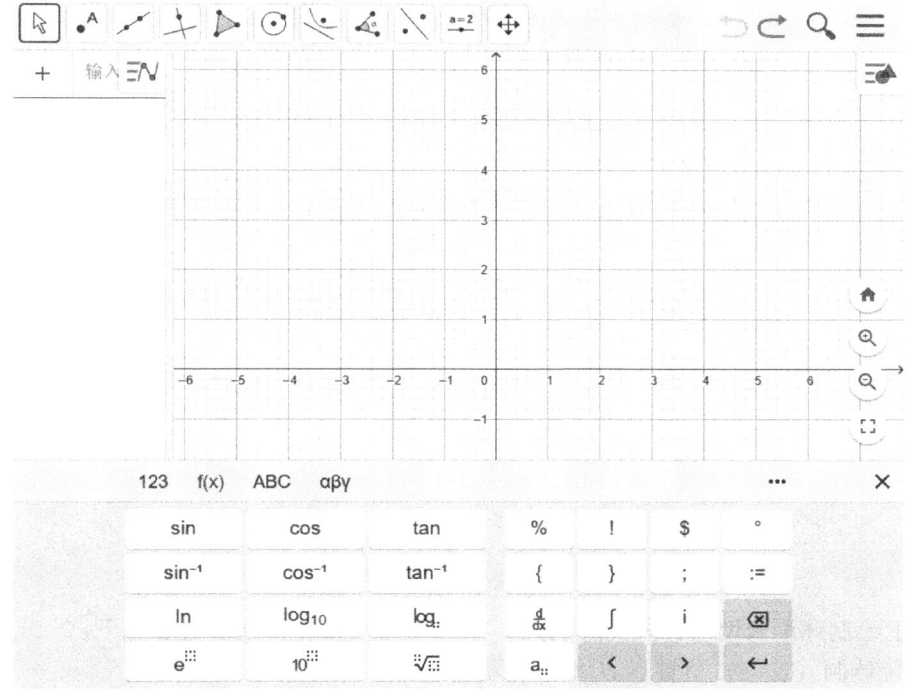

图 1-1-1　GeoGebra 软件的使用界面

四、活动过程

（一）明确任务

设计和制作一个迷你高尔夫推杆球洞。

（二）任务分析

高尔夫球场和迷你推杆球场是如何设计的？工程师只是随机地在草皮和人工草皮上建造了一个有洞的地方？还是利用数学知识和科学原理来设计并建造球洞，让高尔夫球进洞更具有挑战性？

其实，在设计高尔夫球场上的球洞时，工程师需要有创造性，需要知道如何确定反射角、入射角、入射角和反射角的关系，以及碰撞的物理相互作用等科学内容，同时根据项目需求将这些知识创造性地联系起来并应用到设计中。

（三）设计方案

各小组按照要求，上网查找有关高尔夫球场知识，集体讨论设计方案。使用 GeoGebra 软件进行迷你高尔夫推杆球洞方案的图纸设计。设计时，可使用不同策略来解决在击球时，如何通过改变球从墙上弹起的偏转角度使其进入球洞而得分的问题。

1. 一面墙的击球偏转问题

在该设计中，要确保高尔夫球在一面墙上碰撞发生偏转后进入球洞内，且只有一个球洞可让高尔夫球进入，如图 1-1-2 所示。

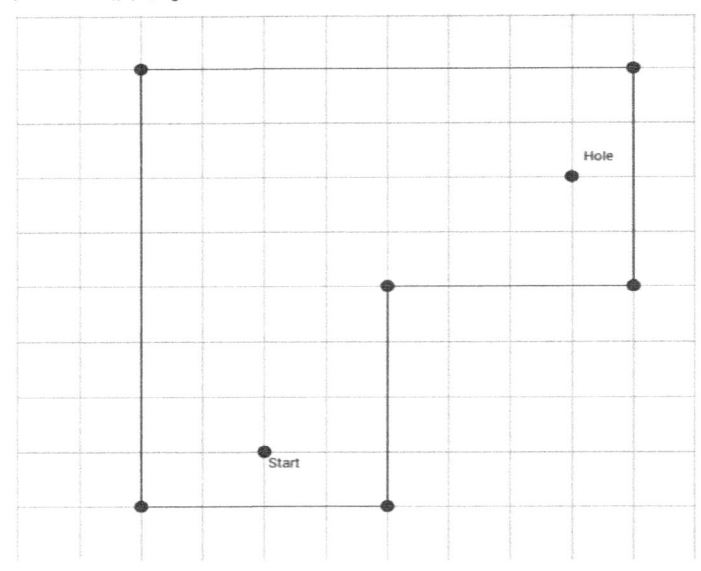

图 1-1-2　球在墙上的偏转

在图纸上绘制球洞及墙壁，找到反射点，如图 1-1-3 所示。设计过程如下：

（1）定位球洞（Hole）位置点 H 和球的开始（Start）位置点 S。

（2）选择一面墙，将高尔夫球击打到墙上，使高尔夫球与墙碰撞后能够一次偏转到达球洞位置。标记该墙（Wall）为 W_1。

（3）找到球洞位置点 H 关于墙 W_1 的镜像点，标记为 H_1。

（4）使用直尺，用虚线将球起始点 S 与 H_1 点连接，以确定球在墙 W_1 上发生偏转的反射点 R。

（5）连接 S 点与 R 点，再连接 R 点与 H 点，完成球的路径。实线显示球在一面墙碰撞后偏转进洞的路径（$S→R→H$）。在真实情况下，球的速度、墙面类型、高尔夫球手的判断准确度等因素都可能影响到一杆入洞的成功率。

（6）测量入射角和反射角，并求出它们的余角，填写到表 1-1-1 中对应的空格处。

（7）在表 1-1-1 上部空白处画出设计的图纸。

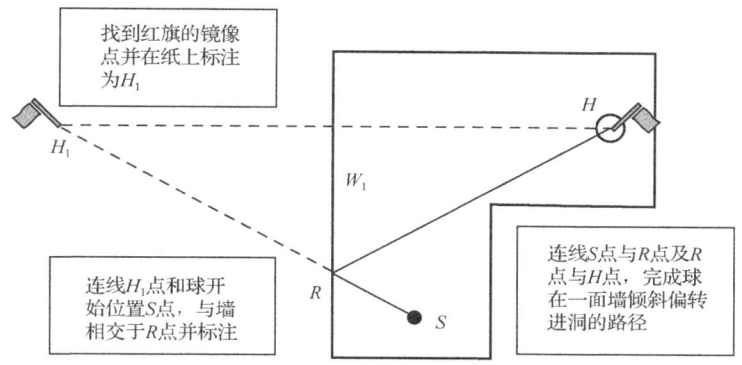

图 1-1-3　球在一个墙面上的偏转示意图

表 1-1-1　设计球在一面墙上碰撞后的偏转路径

球在一面墙上碰撞后的偏转路径		
入　射　角	反　射　角	余　角

2. 两面墙的击球偏转问题

在该设计中，要确保高尔夫球在两面墙上碰撞后进入球洞内。

（1）确定球洞位置点 H 和球的起始点 S。

（2）从球洞位置点 H 开始，将后墙标记为 W_2。将后墙 W_2 作为球落进洞前将要撞击的第二面墙。将前墙标记为 W_1，作为球第一次撞击发生倾斜偏转的墙（在这种情况下，要保证两面墙都能够被球撞击）。

（3）使用 GeoGebra 软件中的方格图，利用反射的特点，通过计数方格找到球洞 H 关于反射墙 W_2 的镜像点，记为 H_2。

（4）使用 GeoGebra 软件中的方格图，找到 H_2 点关于墙 W_1 对称的镜像点，并标记为 H_1。可能需要扩展墙 W_1 的大小才能完成反射。

（5）用直尺将 S 点与 H_1 点连接，以确定球击中墙 W_1 上的位置，将该相交点与 H_2 点连接，以确定球击中墙 W_2 的位置。

（6）将墙 W_2 上的相交点与球洞点 H 连接，完成球的路径。

注意，在直线与墙的每个相交处，反射角＝入射角。

测量入射角和反射角，并求得反射角的余角，在表 1-1-2 中填写相关数据。

表 1-1-2　两面墙的击球偏转问题

球在两面墙上偏转情况			
墙	入射角	反射角	余角
墙 W_1			
墙 W_2			

3. 挑战：三面墙的击球偏转问题（选做）

当解决了一面墙和两面墙的击球偏转问题后，就可以挑战三面墙的击球偏转问题。在该设计中，要确保高尔夫球在三面墙上碰撞发生偏转后，进入球洞内。

（1）用相同尺寸或相同比例的尺寸重新设计图纸，如图 1-1-4 所示。

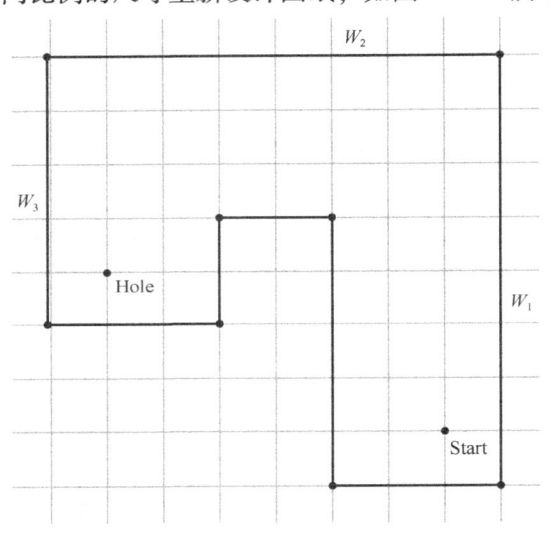

图 1-1-4　球在三面墙上碰撞后的偏转路径

（2）找到在一面、二面和三面墙击球偏转问题中的球洞位置。

（3）测量入射角和反射角，并求得反射角的余角，在表 1-1-3 中填写相关数据。

表 1-1-3　三面墙的击球偏转问题

一面墙的击球偏转问题			
墙	入射角	反射角	余角
墙 W_1			
两面墙的击球偏转问题			
墙	入射角	反射角	余角
墙 W_1			
墙 W_2			

续表

三面墙的击球偏转问题			
墙	入射角	反射角	余角
墙 W_1			
墙 W_2			
墙 W_3			

（4）对数据进行分析，得出结论并分析原因。

（四）实施方案

（1）设计完成后，在老师制作好的迷你高尔夫推杆球洞框架上进行实验，以实现高尔夫球经过1、2、3次（球会在周围墙壁上反射后偏转一次、两次或三次）偏转后一杆入洞。最重要的是，要想解决这个一杆入洞问题，需要进行材料处理和加工，尽量使框架结实美观，从而使工程更加完美。

（2）迷你高尔夫球场的场地可能很简单，只有几堵墙，或者更复杂，边缘为圆形和矩形等障碍物，但是完整贯彻了工程设计、问题解决和工程实施及工程检测等。如果为了让高尔夫球进球洞更具有挑战性，也可以设置一个独特的障碍物（并使用几何结构来解决），如丘陵、凸起、孤岛、沙坑或斜角墙，这取决于你的创造性。

（3）（选做）如果想要一个类似斜坡上的高位置的球洞，就需要以某种方式提升该球洞的位置高度。或者就用一根柱子（或一个塑料水瓶）代替该洞所在的位置。当一个高尔夫球打到这个柱子上时，就算作进了"洞"。

（五）测试方案

（1）在每个洞上完成1、2和3次偏转并实现一杆入洞。

（2）在完成了一面墙击球、两面墙击球和三面墙击球的设计方案后，在现实中尝试解决方案。可以在木头上作记号，在该处你可以预测球击中的位置，看看你的答案是否符合现实情况。

（3）理想情况下，高尔夫球与墙壁发生弹性碰撞后产生偏转，属于弹性斜碰撞，根据动量守恒定律和能量守恒定律，反射角等于入射角。但是在真实的工程实践环境下，需要思考下面的问题：高尔夫球和木板的碰撞是弹性的吗？厂家生产出来的高尔夫球成品的表面是光滑的吗？厂家为什么要这样设计？高尔夫球经过击打后在空中飞行的过程中是旋转的还是不旋转的？高尔夫球在空中飞行时为什么比相同直径和质量但是表面光滑的球飞得远？可以通过网络探究（Webquest）得出这些问题的事实和原因，并解决下面三个问题：

①为什么高尔夫球不会以相同的角度反弹？
②为什么高尔夫球不走图纸上解决方案预测的路径？
③在工程上需要怎么处理才能让它完美工作？

（六）改进方案

（1）结合理论值和检测的实际值，分析原因，做出改进方案。
（2）解决一个三面墙以上的墙面击球问题，实现工程迭代。

（七）展示成果

各小组在完成的迷你高尔夫球场进行高尔夫球的击打比赛，评选最佳设计。基于创造性、几何概念的使用、美学、准确性等标准的设计更易于成功。

五、活动评价

（1）反思你的小组做实验的过程，完成"任务反思表"（参见附录A）。
（2）反思你和小组成员在此次任务中的行为表现，完成"合作评价量表"（参见附录B）。

课例2　基于 Arduino 的灯光雕塑设计

一、引言

"灯光雕塑"是一种集雕塑艺术、灯光艺术与高科技控制手段为一体的新型艺术表现形式。该技术在中国首开先河地解决了城市的亮化、美化问题，在国内城市景观建设上做出了突出的贡献，成为城市环境建设中的重要元素。有的"灯光雕塑"已经作为标志性建筑出现在城市的宣传片中，甚至成为城市发展旅游的新景点。南昌市青山湖畔高达138m的"巨型温度计"，作为全世界最大的温度计，集实用性、景观性为一体，已经成为南昌这座历史文化名城新的亮点，为南昌发展红色旅游增添了新活力。

Arduino是一款便捷灵活、易学多用的开源电子平台，包含硬件（各种型号的Arduino板）和软件（Arduino IDE）。对于初学者来说，Arduino语言极易掌握，同时具有足够的灵活性，不需要太多的单片机和编程基础，简单学习后便可快速进行开发。Arduino的硬件原理图、电路图、IDE软件及核心库文件都是开源的，在开源协议范围内可以任意修改原始设计及相应代码。Arduino也逐步走进大学校园，自动化、软件甚至艺术专业也纷纷开设了Arduino相关课程。

夜间行人通过庭院时，需要有足够的路灯亮光照射地面，以便安全通过。本课例将利用Arduino软件，通过Arduino板上各式传感器感知环境，通过控制灯光、电动机和其他装置来实现对环境的反馈；灯光雕塑的设计遵循环保智能的设计理念，符合光污染的控制标准，使其更为实用和美观，实现绿色环保可持续发展的照明，推进智慧城市的发展。

二、任务挑战

基于Arduino软件设计一个小型灯光雕塑。

三、活动准备

（一）材料用具

- 安装有 Windows 或 Mac 操作系统的计算机
- Arduino 软件的下载地址：https://www.arduino.ee/en/main/software
- SparkFun RedBoard 或 Arduino Uno 微控制器与编程电缆，建议使用 Arduino Inventors Kit
- 电路实验板（面包板）
- 跳线若干
- 电阻值为330Ω的电阻器
- 红、绿、蓝色的发光二极管（Light Emitting Diode，LED）（每种颜色3个以上为宜）
- 建筑材料：塑料纸、塑料板、泡沫芯板、彩色亚克力板、纸、纸板等
- 工具：热熔胶、胶水、胶棒、剪刀等
- 3D打印机、激光切割机（可选）

（二）安全事项

（1）未经教师同意不得使用实验室的任何器材。

（2）在使用各种工具时，应掌握正确的使用方法，避免受伤。

（3）接通电源前，务必由教师确认电路的接法是否准确。

（三）知识回顾

发光二极管（LED）是一种能将电能转化为光能的半导体电子元件，被称为第四代照明光源或绿色光源，具有节能、环保、寿命长、体积小等特点，广泛应用于各种指示、显示、装饰、背光源、普通照明和城市夜景等领域。

发光二极管的最大特点是单向导通，即电流由正极流入、负极流出时，二极管发光；电流由负极流入、正极流出时，二极管不发光、不导通。要使其正常工作，则通过的电流应为额定电流。为了使其稳定工作，常需要串、并联若干个电阻器，使其整个回路的电流不至于过大。

（四）热身活动

1. Arduino IDE 软件的学习

Arduino IDE 可以在 Windows、Mac OS X、Linux 三大主流操作系统上运行。它构建于开放原始码 simple I/O 界面，并且具有使用类似 Java、C 语言的 Processing/Wiring 开发环境。Arduino 软件主要包含两部分：硬件部分——Arduino 电路板，用于电路连接；软件部分——Arduino IDE，计算机中的程序开发环境。使用者只要在 IDE 中编写程序代码，并将其上传到 Arduino 电路板，程序便会告诉 Arduino 电路板要做些什么了。

2. 电路设计

学生能够识别色环电阻、发光二极管的正负极，会使用电路实验板，并识别电路板上的接口等，掌握电路的基本知识。

微控制器——Arduinos IDE 软件构建项目的"大脑"。在该任务中，学习者将探索微控制器的一个惊人功能——控制外部电路。同时，利用 Arduino 电路板可以提供即时视觉反馈，以进一步改进设计。

3. 工具使用

学会使用建筑材料和各种工具，并熟悉 3D 打印机、激光切割机的使用。

四、活动过程

（一）明确任务

设计一个能够安装在校园中的小型灯光雕塑。它必须既具有高效照明、帮助识别道路和根据外部环境调整照度的功能，同时也要具有一定的美感。因此，在设计中需要使用 3 个以上的发光二极管。

（二）任务分析

为了帮助学生获得灵感，教师可以展示计算机控制 LED 的视频，例如，北京奥运会的运动场地——水立方、意大利国际灯光雕塑艺术节、夜晚的美国达拉斯天际线和旧金山湾大桥灯等。

观看视频后，对本课例所要设计的灯光雕塑进行拆解。

第一步：哪些类型的项目可以使用 LED？

第二步：如何使设计既实用又有创意？

第三步：如果可以控制 LED 颜色，可以设计哪种造型的灯光雕塑？
第四步：要使 LED 灯通电，其通过的电流有什么特点？
第五步：电路中需要电阻器吗？其在电路中有什么作用？
第六步：如果需要控制光照强度，需要什么工具？

明确上述六方面后，在所提供的材料中选择需要的部分，自行设计所要制作的雕塑模型，并用 3D 打印机制作出来。

（三）设计方案

（1）使用 Arduino 软件进行整体电路的设计。为实现这一目标，使用 Arduino 微控制器，并由众多（3 个以上）LED 灯组成灯光显示器。面对这一挑战，通过探索"微控制器功能——外部电路的控制"的过程来进一步学习 Arduino 软件的基础知识。

（2）利用电路知识解决问题并设计电路，在电路板上进行实验，明确 LED 灯的使用方法和电阻器在电路中的作用。

（3）校园中的小型灯光雕塑应该兼顾高效照明、根据外部环境调整照度和帮助识别道路的功能。同时，灯光雕塑也要具有一定的美感。成功的设计是建立在诸如创造性、几何概念的使用、美学、准确性等标准之上的。

同时，在设计灯光雕塑时，可考虑以下因素：

①是否希望灯一直处于完全亮状态（digitalWrite 命令）或者是否想要处于调暗状态（analogWrite 命令）？

②在人眼无法感知到灯光闪烁之前，灯光变化多快才能照亮路面？

（4）利用 3D one（建模软件）进行灯光雕塑的模型设计，并用 3D 打印机将它打印出来。

（5）利用预测试解决 LED 灯在照明中存在的问题。

（6）教师指导学生考虑实际情况，确定将哪种真实情景纳入自己设计的灯光雕塑中，例如，灯光雕塑的安装高度，需要多少个 LED 灯才能实现所要求的亮度，灯光雕塑所选材料的寿命及质量问题，等等。

（7）教师指导学生改进所设计的项目以符合标准和期望。

（8）（可选）为了体现项目的竞争性，在项目要求中添加"竞争标准"一节，以便明确"同类最佳"的期望。

（四）实施方案

1. 学会使用 Arduino 软件

安装 Arduino 软件，进入主页面进行设计。对于此项目，需要在设计中使用至少 3 个 LED 灯。

2. 电路模拟

要控制至少 3 个 LED 灯，需要创建电路，并使用电路实验板。

LED 灯在该电路中可串联、并联或混联，要注意 LED 灯的正、负极的接法。电阻器限制了通过 LED 灯的电流，如果在该电路中省略了电阻器，LED 灯仍可工作，但是，如果想让 LED 灯持续使用，最好选择与 LED 灯能够配合使用的电阻器。就本项目而言，330Ω 的电阻器效果最好。如图 1-2-1 所示，

图 1-2-1　电路设计示例

使用真实的 LED 灯、电阻器按设计好的电路在电路实验板上进行摆放和安装，并通电测试。

思考设计的电路能否实现这样的功能：一个 LED 灯开启时另一个 LED 灯关闭？（最简单的方法是使用不同的 Arduino 输出引脚独立控制两个 LED 灯电路。）也可以有以下设计：开关按压一次打开一个 LED 灯，否则关闭；按压一个 LED 灯时点亮并一直保持点亮状态；一次亮一个 LED 灯，当光线到达终点时，顺序反转方向；也可以使用 Arduino 的"随机"功能使灯光在不规则时间里闪烁而实现"闪烁混乱"。

在连接电路前，电路实验板不应连接到 Arduino 的模块上。在使用 Arduino 模块和电路实验板构建电路时，关键是要确认电路必须是一个"闭合回路"。导线将 Arduino（13 号接口）、电阻器、LED 灯连接起来，并通过接地（GND）节点返回 Arduino。此时，需要用一根电线（连接到插头引脚）将 Arduino 电路板与实验板（利用面包板搭建）连接，并将 LED 灯的负极一端与地线连接，如图 1-2-2 所示。

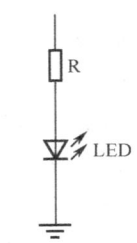

图 1-2-2　LED 灯的负极与 GND 相连

3. 提供所需材料，设计灯光雕塑

在使用 3D 打印机制作灯光雕塑时，请教师进行切割、钻孔。设计的灯光雕塑要注意美感和设计感。

（五）测试方案

挑战前，将电线连接到 Arduino 软件的微控制器上，并连接到 13 号接口旁边的小接头上，使 LED 灯闪烁，从而确保 Arduino 正确连接到计算机上。这样可以检查电路板上的 LED 灯的闪烁情况，并确认该代码是否适用于该引脚。

为何要进行这一步操作？因为在开始之前就进行测试、验证进度和连接，那么当遇到障碍时就不必从开头进行故障排除，只需要验证代码是否正常工作，而不必担心主电路的布线问题。

（1）如果 LED 灯未亮，做如下检查：
①电线是否正确安装在电路实验板上；
②通过 LED 灯的电流方向是否正确，应正确安装正、负引脚（引脚需要接更高的电压）。
（2）如果 LED 灯亮但暗淡，做如下检查：
①使用命令 pinMode（pin#，OUTPUT）确认在设置函数中使用的引脚是否正确；
②是否错误地使用了 330Ω 电阻器。

如有必要，可查阅 Arduino 简介，其中介绍了 Arduino 微控制器，并提供了使用 13 号接口 LED 灯测试计算机连接的说明。

如图 1-2-3 所示为设计的大象灯光雕塑，LED 灯分布在灯光雕塑的关键部位，而且每个设计不止 3 个 LED 灯。这样的设计使得照明更全面。

（六）改进方案

（1）提出挑战任务：制作闪烁的 LED 灯。
（2）若 LED 灯的安装问题使得整个灯光雕塑的呈现不理想，调整 LED 灯的安装。
（3）各小组在实际校园中按要求对灯光雕塑进行固定，并对路过的行人进行调查；收集建议并对灯光雕塑的布局进行调整，以呈现出灯光雕塑的最美姿态。

（七）展示成果

谁有一个更好的案例与班级分享？如果你有更好、更亮、更多的 LED 灯，你能用它来能做

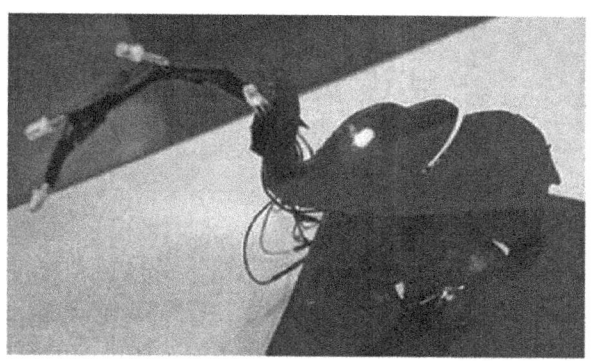

图 1-2-3 大象灯光雕塑中"溅出"的光

什么?

（八）反思与评价

（1）作为一名班级成员,总结并与大家分享使用 Arduino 的心得与体会,以及设计电路时的注意事项。

（2）所设计的灯光雕塑的整体布局具有一定的美感和设计感。撰写书面分析报告,进行设计反思。

五、活动评价

（1）反思你的小组做实验的过程,完成"任务反思表"（参见附录 A）。

（2）反思你和小组成员在此次任务中的行为表现,完成"合作评价量表"（参见附录 B）。

课例 3　产品设计中的"逆向工程"

一、引言

在工程学中,产品的"正向设计"过程经历了设计、修改到成品等环节,时间及材料成本较高。逆向工程(reverse engineering)也可称为"反求工程",它根据已有的产品和结果,通过分析来推导出具体的实现方法。具体可以认为是一个从产品到设计的过程,即根据已有的产品,反向推出产品设计和各项数据参数的过程。逆向工程通过实践的方式来满足个人对产品内部及其工作原理的好奇心。

通过"逆向工程"活动,也可以培养多种技能,例如,小组合作、使用工具、编写手册、绘制草图(图像)、进行口头演示等。这些技能在工程设计中十分重要。

二、任务挑战

选择产品进行逆向工程,体验成为工程师所必备的技能。

三、活动准备

(一) 材料用具

- 需拆卸的产品,如手电筒、吹风机、水枪、自动铅笔、遥控车等
- 铅笔和纸
- 各种拆卸工具,如螺丝刀、扳手、钳子、手钻、锤子等工具
- 测量装置,如尺子、卷尺和卡尺
- 计算机
- SolidWorks 软件(可选)
- 安全眼镜(每位学生一副)
- 扫描仪(用于手绘草图)
- 摄像头(可选)

(二) 安全事项

(1) 未经教师同意不得使用实验室的任何器材。
(2) 在使用各种工具时,应掌握正确的使用方法,避免受伤。
(3) 需拆卸的产品必须低压供电,最好采用电池供电。

(三) 知识回顾

1. 三视图

三视图是能够正确反映物体长、宽、高尺寸的正投影工程图,如图 1-3-1 所示,包括主视图(正视图)、左视图、俯视图。其中每个视图显示物体的一侧,就像直接看着它一样,通常绘制三视图以显示对象的三个维度。

课例3　产品设计中的"逆向工程"

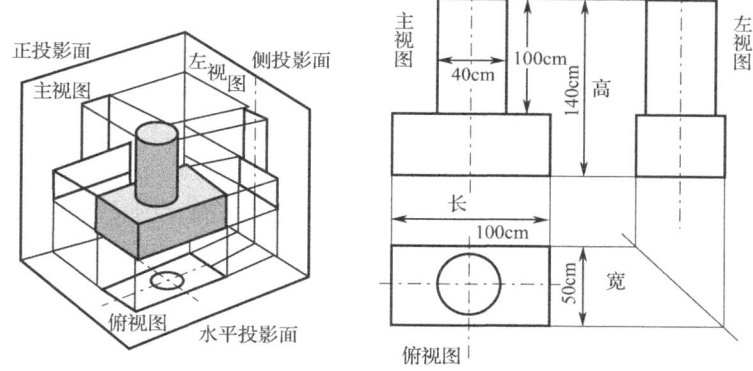

图 1-3-1　一个物体的三视图

2. 等轴测图

轴测图是一种单面投影图,在一个投影面上能同时反映出物体三个坐标面的形状,形象、逼真,富有立体感。但轴测图一般不能反映出物体各表面的实形,因而度量性差,同时作图较复杂。因此,在工程上常把轴测图作为辅助图样,用来说明机器的结构、安装、使用等情况。在设计中,常用轴测图帮助构思、想象物体的形状,以弥补正投影图的不足。

等轴测图属于轴测图的一种,可通过使各坐标轴的投影之间角度相等（120°）的视角来获得,如图 1-3-2 所示。

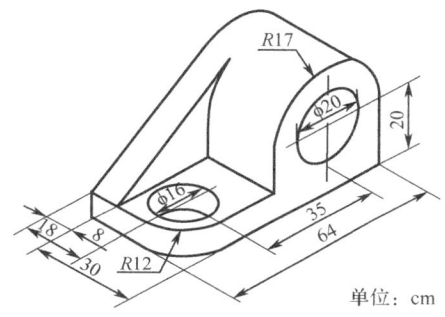

图 1-3-2　一个零件的等轴测图

3. 组装图

组装图也称结构图,如图 1-3-3 所示。

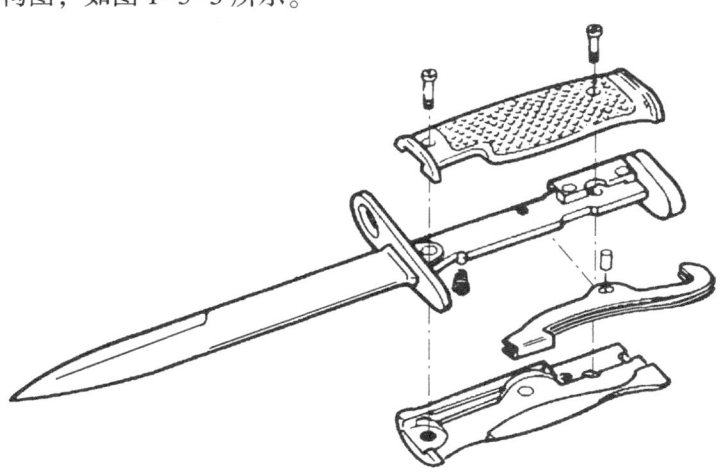

图 1-3-3　一把刀的组装图

· 15 ·

(四) 热身活动

1. 绘制物品或零件的三视图

绘制三视图时，需要对组合体进行形体分析，在确定了主视图的投影方向后，先依次画出各结构的投影，注意各结构的相邻接触关系；再按投影规律把三视图作为一个整体来加深。

第一步：布置视图

根据组合体的最大尺寸，结合使用的图纸幅面，选择适当的比例，布置视图，其标志是画出三视图的基准线，如图 1-3-4 所示，选择轴承的端面和轴线作为投影的要素，确定各视图的基准位置线。

第二步：试画底图

按形体分析法分解组合体，从主要形体结构开始，画出其三视图，需要保证各结构的投影关系，由于是试画底图，线条要轻、细、准。以组合体中的轴承为例，如图 1-3-5 所示，轴承的结构是圆筒，确定其大小需要三个尺寸。

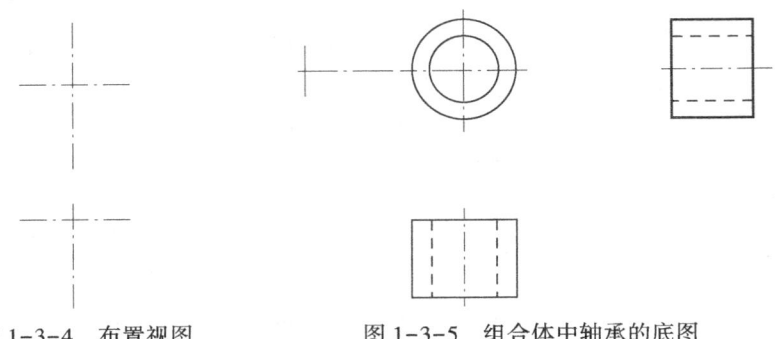

图 1-3-4 布置视图　　　　图 1-3-5 组合体中轴承的底图

第三步：加深图线

画出底图后，把三个视图作为一个整体来加深图线，确保主视图和左视图之间高平齐，主视图和俯视图之间长对正，俯视图和左视图之间宽相等，如图 1-3-6 所示。

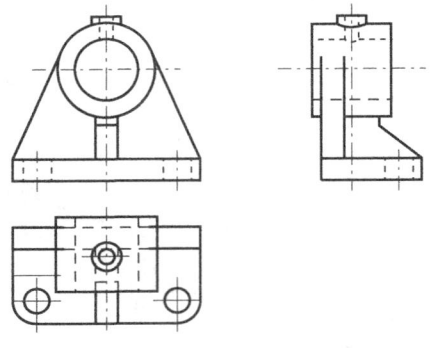

图 1-3-6 组合体的三视图

2. 工具的使用

学会使用各种拆卸工具和测量工具。

四、活动过程

（一）明确任务

小组选择要拆卸的产品执行逆向工程，体验成为工程师所必备的技能。为了更好地了解任务，请思考以下问题：

（1）你知道逆向工程是什么吗？请描述一下。
（2）为什么逆向工程可能是有益的？
（3）谁可能从这个过程中受益？

小组选择的产品需要和本小组的人数进行匹配。1人一组的小组需提出至少包含7个零件的项目，2人一组的小组需提出至少包含10个零件的项目，3人一组的小组需提出至少包含15个零件的项目。考虑到安全性，你的小组选择的产品必须低压供电，最好采用电池驱动。

（二）任务分析

1. 了解逆向工程

为了帮助大家理解逆向工程，教师将向你们展示介绍有关逆向工程的视频，请思考以下问题：

（1）为什么逆向工程很重要？
（2）逆向工程是拆分对象的过程，但为什么工程师会使用这个过程？
（3）为什么我们要改进产品？

2. 工程项目背景下的提案

小组任务的顺利完成，有赖于周全、详细的工作安排。因此，小组需根据即将开展的工作提出提案。提案需包含以下问题：

（1）你选择拆卸的产品是什么？
（2）产品（如手电筒）有什么作用？
（3）你打算怎么拆卸这个产品？
（4）你需要什么工具？
（5）你认为这个产品包含哪几部分？
（6）你认为你会在这个产品里面找到什么样的零件？画一个整个产品的粗略草图。

如果你的小组选择手电筒作为逆向工程的产品，你将如何拆开它？想想可能需要哪些工具？

如果需要绘制零件草图和记录零件测量值，你会怎么做？你知道如何使用卡尺和尺子吗？

3. 小组分工表

你的小组还需要完成小组分工表，如表1-3-1所示，其中描述了每个人在小组中的角色。

4. 创建"材料清单"

小组需创建"材料清单"，这是组成产品的所有部件的列表，如表1-3-2所示。

5. 编写产品说明书

小组需编写一本如何组装产品的说明书，描述使用和组装产品的步骤（让你的小组以外的人阅读产品说明书，并提供反馈和改进建议）。根据工程设计流程来描述如何使产品变得更好。

6. 制定项目进度表

每个项目都有审批和提交的截止日期,每个小组需制定一个项目进度表,内容应包含:每项工作的具体内容、预计完成日期、监督人等信息。

(三)设计方案

(1)明确小组需完成的内容并填写小组分工表,如表 1-3-1 所示。

表 1-3-1　小组分工表

小组编号		日期	
小组成员	角色	联系方式	电子邮箱
小组目标:			
小组期望:			
冲突解决策略(至少列举 3 条):			

(2)准备执行逆向工程的产品(如手电筒)及拆卸工具、测量工具。

(3)构思产品说明书的内容。产品说明书主要包含:产品的工作原理、用途、零部件的草图、材料清单(如表 1-3-2 所示)、小组分工表、项目进度计划、总结与改进等。

表 1-3-2　材料清单

产品名称:							
序号	配件名称	数量	型号	功能	与其他部分的联系	单价(元)	来源

产品说明书的参考示例如表 1-3-3 所示。

表 1-3-3　产品说明书的参考示例

手电筒说明书

1. 工作原理

　　手电筒由电池供电。电池产生的电流流过金属触点，触点与电灯泡通过电线相连，最终电流流到手电筒的灯上，使手电筒正常工作。

2. 目录

　➤ 手电筒的组成
　➤ 组装步骤
　➤ 材料清单
　➤ 手电筒的用途
　● 什么是手电筒
　● 手电筒是怎么工作的
　● 怎么使用手电筒

3. 手电筒的组成

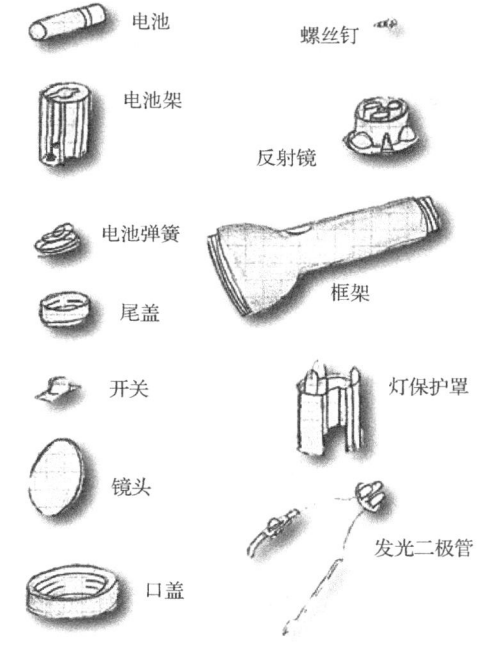

4. 组装步骤

　①把电池弹簧放在尾盖上；②取出电池，放在电池架上；③将灯保护罩从框架顶部放在框架内；④将电池架从底部放入框架内；⑤从底部将尾盖放在框架上，然后拧紧；⑥将发光二极管放入框架内；⑦将带灯的反射镜从顶部放入框架内；⑧把镜头放在口盖上；⑨将口盖从顶部放在框架上，然后关闭；⑩将开关放在框架中心的孔中。

5. 材料清单

产品名称：手电筒							
序号	配件名称	数量	型号	功能	与其他部分的联系	单价（元）	来源
1	镜头	1	保护灯	保护灯	2		
2	电池	3	提供电能	能源	2		
……	……						

6. 手电筒的用途

（1）什么是手电筒？

　　手电筒是一种便携式电光源，光源通过一根细电线与电池相连。

(2) 手电筒如何工作？
手电筒由电池供电，它们产生的电流流经金属触点，流到手电筒的灯上，使灯泡发光。
(3) 如何使用手电筒？
手电筒是一种使用简单的装置，只须移动开关就可以让手电筒工作，开关位于框架中。
7. 小组分工表
略
8. 项目进度计划
略
9. 总结与改进
略

（四）实施方案

小组成员分工合作，开展逆向工程。小组拆开产品，观察各个零部件及其功能，理解其工作原理。为了更好地编写说明书，可以在拆开产品时，记录整个拆卸过程的每一步，建议同时填写材料清单或画出零件草图，以免零件丢失。

各小组将"项目进度表"和"小组分工表"告知负责的教师，以便教师帮助各小组持续完成任务。

（五）测试方案

按照你的小组编写的产品说明书，将产品组装并恢复原样。如果不能恢复，则需检查是否按照步骤进行操作，或者检查步骤描述是否清晰。如果步骤描述清晰，则检查步骤的合理性。

例如，你的小组选择的产品是手电筒，如果手电筒的灯未亮，应检查：
（1）闭合开关后，线路是否短路或断路；
（2）灯泡是否正常工作。

让其他组的同学阅读你们小组编写的产品说明书，并获得反馈。

（六）改进方案

（1）获得其他小组的反馈后，针对反馈的意见和建议进行改进；
（2）如果还有额外的时间，可以思考：如何进一步提高该产品的性能？
例如，如何提高手电筒的使用寿命？
思路：更改手电筒的灯泡，如换成 LED 灯。

（七）展示成果

制作展示 PPT，利用简短、专业的语言描述你们小组的产品及其功能。

（八）反思与评价

在逆向工程的小组合作中，小组可以从编写的逆向工程报告和现场展示两方面进行反思。

1. 逆向工程报告部分
（1）提供了完整的产品说明书（包括草图）吗？
（2）产品说明书可以很好地解释每个部分及其功能吗？
（3）小组找到产品的最佳改进设计方案了吗？
（4）小组按时完成了任务吗？

2. 逆向工程现场展示部分

(1) 你是否对产品提供了一个全面而简短的描述?
(2) 你解释了产品的用途吗?
(3) 在展示时,你提供并解释了产品的等轴测图和三视图吗?
(4) 你是否简要并清晰地解释了小组对该产品的新想法?
(5) 你总结了小组合作过程中顺利和不顺利的地方了吗?
(6) 你制作了专业和简洁的 PPT 吗?
(7) 你的声音是否清晰、洪亮?

五、活动评价

(1) 反思你的小组做实验的过程,完成"任务反思表"(参见附录 A)。
(2) 反思你和小组成员在此次任务中的行为表现,完成"合作评价量表"(参见附录 B)。

课例 4　测量摩天大楼的高度

一、引言

近年来，我国城镇化稳步推进，最直观的变化就是高楼大厦，特别是摩天大楼在全国各地快速拔地而起，但是摩天大楼的高度却鲜有人知，要回答这个问题不仅需要专业知识，还需要专业工具。作为高中生，已经对牛顿第二定律和直线运动规律有了较深的理论认识。若稍加引导，学生们便能将这些课本知识转换为测量摩天大楼的高度的实用方案。再配备诸如电子秤、手机和计算机等常见设备，方案便能实现。本课例的实践活动运用垂直电梯中电子秤示数的变化来测量摩天大楼的高度，全面培养学生对物理知识的综合运用能力、搭建设备的动手能力、获取数据的信息化能力，以及团队协作能力。

二、任务挑战

设计和搭建一套运用电子秤测量摩天大楼的高度的简单装置。

三、活动准备

（一）材料用具

- 电子秤
- 卷尺
- 铁架台
- 小球
- 会声会影软件、Matlab 软件、Origin 软件
- 具有录像功能的智能手机或者录像机
- 安装有 Windows 或者 Mac 操作系统的计算机
- 单摆
- 秒表

（二）安全事项

（1）在使用垂直电梯时，应严格遵守使用规则，保障人身和电梯安全。

（2）在使用电子称时，严禁测量值超过量程。

（三）知识回顾

艾萨克·牛顿于 1987 年在《自然哲学的数学原理》一书中提出了牛顿第二定律：物体加速度的大小与物体所受合外力成正比，与物体的质量成反比。加速度的方向与合外力的方向相同。牛顿第二定律揭示了力与加速度之间的关系，是经典力学的重要支柱。

在不同的合外力的作用下，物体会做不同的运动。通常用位移（s）、速度（v）、时间（t）和加速度（a）来描述物体的运动状态。通过分析不同物理量之间的关系可以推导出物体运动的一般规律。公式法和图像法是分析物体运动规律的两种常用方法。记录下不同时刻，物体运动的合外力、位移、速度和时间后，就可以通过描点法画出加速度—时间、位移—时间、速度—时间的图像。不同图像下每一个点的切线的斜率及图像下的面积都对应于特定的物理量。

（四）热身运动

1. 学习使用会声会影软件

会声会影（Corel Video Studio）软件是由加拿大的 Corel 公司制作的一款功能强大的视频编辑软件，具有抓取图像和编辑图像的功能；可以操作多种不同格式的视频原件，也可导出多种常见的视频格式。会声会影软件界面简洁，操作易于学习。

2. 学习使用 Matlab 软件

Matlab 软件是由美国 Mathworks 公司开发的商业软件，具有强大的功能，不仅可以用于数据分析和数值计算，还可以用于数字图像处理和数字信号处理。

3. 学习使用 Origin 软件

Origin 软件是由 OriginLab 公司开发的一个科学绘图、数据分析软件，可在 Microsoft Windows 下运行。Origin 软件支持各种各样的图形分析，处理后的图像也可以各种常见的格式导出。

四、活动过程

（一）明确任务

摩天大楼的高度往往在百米以上，外观形貌各具特色，周边行人、车辆及建筑环境复杂。如何利用简易工具，准确地测量它的高度呢？

（二）任务分析

1. 思考的方向

为了测量摩天大楼的高度，可以从以下几方面进行思考，从而打开思路，寻找问题的解决方案。

（1）摩天大楼的高度除了可以看作长度处理外，还可以看作什么量处理？

（2）在摩天大楼中可以设置哪些不同的运动形式与高度关联？

（3）在不同的运动形式中，可以有几种方法求物体运动的位移？

（4）在求解位移的方法中，哪些参量需要软件辅助完成？

（5）根据你的需要可以选择哪些软件辅助完成任务？如何使用这些软件？

2. 讨论解决方案

（1）每个小组成员进行组内讨论，并查阅相关资料，给出测量摩天大楼的高度的多种解决方案，并填写表 1-4-1。

表 1-4-1　测量摩天大楼的高度的方案

小组名称	方案编号	主要思路
	A	
	B	
	C	

（2）各小组轮流介绍各自的方案，随后进行组间讨论，集体评价各种方案的科学性和可实施性。

（3）指导教师总结讨论结果，对各组给出点评，填写表 1-4-2。

表 1-4-2　各组方案点评表（教师用）

小组名称	方案编号	科学性	可实施性
	A		
	B		
	C		

（三）设计方案

（1）设计一种在摩天大楼中可以实现的运动，并且运动中的某个参量可以与摩天大楼的高度相关联。

（2）设计可以记录运动过程的方法，思考如何分析物体的运动状态。

（3）根据物体运动的力、加速度、速度、时间及位移这些参量之间相互转化的原理设计测量方案。在设计的过程中，多思考以下问题：

①建立的模型中各个参量分别代表什么物理意义？不同的参量之间的关系是什么？

②可以借助哪些软件来帮助实现不同参量之间的转化？如何更简单、准确地实现转化？

（4）设计高度的最后求解方法。在思考高度的求解方法时，不仅要考虑原理上的方法，更要考虑摩天大楼结构的不同所带来的方法的差异。因此最后的求解方法需要针对不同的摩天大楼，列出可能造成不同的因素，并做相应的修正。

（四）实施方案

1. 确定与高度相关联的运动形式

首先检查电子秤的工作状态。将电子秤放在电梯中，上面放一物体。让电梯从一楼开始上升，直到最高层停止。用手机或者录像机录制电梯运行过程中电子秤示数变化的视频。

2. 使用软件记录数据

在会声会影软件的主界面中，导入录制的电子秤示数变化的视频，逐帧播放画面，将画面对应的时刻及画面上所显示的电子秤的示数记录在表格中。

使用 Matlab 或者 Origin 软件对所记录的电子秤的示数随时间的变化关系进行处理。分析的时候需要弄清楚每个数值的含义，然后利用软件进行适当处理得到需要的其他变量。

3. 绘制函数图像

当利用科学软件得出不同的参量随时间变化的数据后，利用 Matlab 或者 Origin 软件绘制出参量随时间变化的函数关系。从函数关系中，可以更清楚地认识物体的运动形式，帮助学生确认方案的科学性，同时也有助于确定其他参量的获得方法。

4. 确认高度的求解方法

当运动过程中的其他参量随时间的变化关系都确认后，在求解高度时，既可以利用公式计算出高度，也可以借助于软件的数值计算进行求解。无论采取哪种方法，都要先确认好高度和其他参量间的关系后再进行求解。否则会带来原理上的错误，从而导致结果出现大的偏差。也可以同时采用多种方法进行分析，从而相互确认方法是否正确。

（五）测试方案

任意选取一栋摩天大楼，每个小组按照设计的实验方案，先测量出摩天大楼的总高度。然后小组成员团结合作，用卷尺测量出每一层的高度再计算出摩天大楼的高度。采用设计方案测得的数据结果与用卷尺测量的数据结果进行对比分析，填写表 1-4-3。

表 1-4-3　卷尺测量与设计方案测量结果对比

楼层高度	卷尺测量结果	设计方案测量结果	相对误差

如果用卷尺测量出的结果和设计方案测量出的结果偏差比较大，就要思考一下方案设计中的哪部分出了问题。摩天大楼的每一层的高度基本相同，如果测量出楼层之间的高度数值偏差较大，就要思考项目方案实施中的哪部分操作出了问题，如何在实施过程中减小误差。

（六）改进方案

（1）提出挑战任务：如何根据摩天大楼的形状上的不同，以及内部结构的不同，设计更加合适的方法？

（2）在绘制 a-t 图像时，如果图像的形状没有很好的规律性，如何改进实验设计使图像的形状更加精确？

（3）如果相对误差大于 1%，说明误差过大，需要设法减小误差。各小组需分析各个操作环节中仪器的操作、软件的使用和数据的计算等部分是否存在错误，对错误及时修正。在测量时每个物理量需要多测几次，减小操作误差。

（七）展示交流

（1）各小组在完成项目活动内容后，需要撰写项目活动报告。项目活动报告内容应包括以下几方面：活动名称、活动目的、活动原理、活动器具、活动步骤、活动数据、活动结论和数据结果误差来源分析。详细的项目报告完成后可打印若干份，分给其他小组交流学习。

（2）各个小组准备 PPT，向其他小组展示并介绍自己小组的项目完成过程。每个小组讲解完 PPT 后，留 2min 的时间接受其他小组的提问，如针对讲解内容提出的异议或者疑问。

（八）反思与评价

（1）针对方案的设计过程，反思和总结 STEAM 项目方案设计的方法，总结自己的收获和需要改进与加强的地方。

（2）针对小组合作完成项目的过程，总结自己的体会。

五、活动评价

（1）反思你的小组"实施方案"的过程，完成"任务反思表"（参见附录 A）。

（2）反思你和小组成员在此次任务中的行为表现，完成"合作评价量表"（参见附录 B）。

课例5　神奇的离心现象

一、引言

铁水烟花——中国非物质文化遗产，是一种流传于民间的独特焰火艺术。这项神奇的表演艺术具有非常强的观赏性，也称为"打树花"。据史料记载，"铁水烟花"起源于北宋，鼎盛于明清，至今已有千余年的历史，在中华民间艺术的历史中留下了光辉的足迹。在观看铁水烟花时，细心的观众会发现：在一耀眼的火轮边缘，有火花直接飞出去。

在生物课堂上，要想测量土壤溶液中某种细菌的浓度，必须有清澈的土壤溶液，如何得到该溶液呢？静置，就是个不错的选择，但静置的时间成本较高。那么，有没有快捷、高效的方法呢？使用离心机可以在短时间内（2min左右）将溶液由浑浊变清澈。在游乐场、街市等场所常会见到棉花糖，它的甜蜜味道总是令人难以忘怀，棉花糖还可以做成各种漂亮的造型。棉花糖是怎么制作的？利用家用洗衣机的脱水功能，为什么能够使衣服的水分变少呢？

带着这些疑问，我们先回顾离心现象。顾名思义，离心现象就是做圆周运动的物体逐渐远离圆心的一种现象。得到纯净清澈的土壤溶液、棉花糖的制作方法、洗衣机脱水功能、"铁水烟花"中火轮边缘的铁水会飞出去成为美丽的火花，这些问题是不是与离心现象有关呢？

利用离心现象研发、自制益智玩具，并在校园中义卖，一定是非常有趣且有挑战性的活动。

二、任务挑战

研发一款"离心现象"益智玩具，在学校科技节上展销并义卖。

三、活动准备

（一）材料用具

- 钢球、乒乓球、盖子（半径5cm，高3cm）、细线、剪刀、水写纸、吸管、颜料、细木棍、水
- 转盘、硬币、钩码
- 智能手机、平板电脑、高速摄像机、家用棉花糖机、白大褂、护目镜

（二）安全事项

（1）使用颜料做实验时，需要穿白大褂。
（2）使用家用棉花糖机时，需要穿白大褂，并佩戴护目镜。
（3）使用电子设备拍摄物体运动视频时，需要电子设备的慢动作功能。
（4）未经教师同意不得使用实验室的任何器材。

（三）知识回顾

（1）什么是匀速圆周运动？具有什么特点？

（2）物体做匀速圆周运动需要满足什么条件？

（四）热身活动

（1）找出生活中的圆周运动的实例并寻找相关视频，与同学一起分析物体的运动轨迹是怎样的？

（2）物体做匀速圆周运动时受力情况如何？

四、活动过程

活动一：科学探究——离心现象的条件和轨迹

探究一：产生离心现象的条件是什么？

（一）提出问题，提出假设

（1）物体做匀速圆周运动时，其所需要的向心力与所提供的合外力的关系如何？

（2）如果所提供的合外力与所需的向心力的大小不等，会发生什么现象？

（二）设计实验，实验验证

（1）选取实验材料。以小组为单位，每组选择的器材可以相同，也可以不同。各组组员讨论之后，写出所选择的器材。

（2）小组内分工合作，写出实验方法，并画出实验图。

（三）分析结果，得出结论

（1）做3次及以上的实验，得出实验结果。

（2）设计海报，展示结论。

探究二：离心现象的轨迹是什么？

（一）提出问题，提出假设

物体发生离心现象时，其运动轨迹如何？是不是物体要逐渐远离圆心？

（二）设计实验，实验验证

（1）实验材料。以小组为单位，各组组员讨论之后，选择实验材料。（如果使用智能手机、平板电脑、高速摄像机，需要使用慢动作拍摄实验视频进行分析）

（2）围绕假设，设计实验进行验证，在下方空白处写出实验步骤。

（三）分析结果，得出结论

（1）做3次及以上的实验，分析实验结果。

（2）设计海报，展示结论。

活动二：工程制造——设计益智玩具

（一）明确任务

制作一款适合6~12岁儿童使用的益智玩具，该玩具要体现出离心现象。同时，对组内成员进行职责分工。
> 董事长：小组召集人、公司发言人。
> 技术总监：负责材料选择、研发及测试。
> 艺术总监：负责产品包装、Logo 设计。
> 营销总监：负责策划、制作展示文案。

（二）任务分析

（1）做市场调查，分析市场需求。

（2）想设计一款怎样的益智玩具？写出它的特点。

（3）需要为此准备哪些材料？

（三）提出方案

（1）在下面的空白框中写出你的益智玩具制作方案，注明操作步骤，以及所使用的材料名称。

| |
| |

（2）小组成员进行头脑风暴，交流各自的设计方案。

①头脑风暴活动指南。
> 记录下小组成员的各种想法。
> 小组中的每个成员均要分享自己的想法。
> 打破思维定势，欢迎各种具有创新性的奇思妙想。
> 积极倾听其他人的发言，不要口头评价和质疑其他人的想法。
> 尽可能多地提出自己的观点。

②在聆听小组成员发言的同时，在表 1-5-1 中记录下你对其方案的想法。

表 1-5-1　头脑风暴记录表

发言人	可借鉴之处	存在问题	我的建议

（四）选择方案

（1）综合多方观点选择一个最佳方案，简要解释选择该方案的原因。

（2）在下面空白框中写出该方案的具体内容，注明操作步骤，以及所使用的材料名称。

（五）实施方案

（1）小组成员是如何分工的？在表 1-5-2 中填写小组成员的姓名及所分配的任务。

表 1-5-2 任务分工表

组别：_____   组长：_____

编号与姓名	任务	备注
1.		
2.		
3.		
4.		
5.		
6.		

（2）按照方案中的操作步骤和分工，制作益智玩具。

（3）编写益智玩具的使用说明书。

（六）测试方案

（1）从安全性和玩具寿命两方面检测益智玩具的质量。

注意：进行益智玩具质量检测时，需要重复实验 20 次以上，以测试其是否能稳定工作。同时，外观不能过大。

根据检测标准设计表格，记录检测结果。（另附纸）

（2）从材料成本及安全性两方面考虑益智玩具的制作成本。

注意：所选材料应该是对人身无毒、对环境无污染的。同时，儿童使用时不能对身体构成伤害，以确保安全性。

（3）投入目标市场试用，访谈试用群体如家长及儿童对该玩具的使用体验和建议。同时，可对玩具经销商进行咨询，以获得广泛的市场信息。

（七）改进方案

根据测试结果，对益智玩具制作方案进行改进，并进行第二轮制作，记录改进方法。

活动三：技术实践——Logo 设计打印

（一）明确任务

为本公司的益智玩具设计 Logo，并制作成贴纸张贴在益智玩具上。

（二）分析任务

（1）学习 2D 设计软件的使用。

（2）查阅资料，了解 Logo 的设计原则和艺术展现方式。

（三）设计方案

（1）在下面空白框中画出你的 Logo 设计草图，并简要说明设计意图。

（2）对比小组成员的多个 Logo 设计草图，通过讨论选择一个最佳方案，简要解释选择该方案的原因。

（3）在下面空白框中画出该方案的"设计草图"。

（四）实施方案

根据"设计草图"利用软件作图，每个小组选出最好的设计图上交。

（五）测试方案

利用打印机打出 Logo 贴纸。

（六）改进方案

根据 Logo 制作成品，你们小组的 Logo 是否需要改进？如何改进？确认小组 Logo 设计的最终版本，并上交。

活动四：社会体验——产品展销

（一）课前准备

（1）由营销总监负责组织填写《自制益智玩具营销策划书》，此项将作为本活动的总结性评价。

（2）各组长做好对产品进行"60s 演讲"的准备。

（3）各小组准备好宣传海报、益智玩具材料等，在发布会开始之前完成益智玩具的制作，在益智玩具上张贴小组 Logo，展示几个益智玩具，其余玩具包装好待售。

（二）展示成果

面向全校召开"产品发布会"，展示活动成果。

（1）各小组布置好展示摊位，张贴宣传海报，摆放贴有小组 Logo 的益智玩具。

（2）各组长在摊位前轮流进行"60s 演讲"。

（3）师生评委、小组代表进行产品体验，评分。

（4）"产品发布会"结束后，各小组售卖益智玩具，营利情况如实记录在《自制益智玩具营销策划书》中。

（5）根据《自制益智玩具营销策划书》和展示、营销情况进行评价，评选"最佳产品奖""最佳展示奖""最佳营销奖"。

五、活动评价

（1）反思你的小组做实验的过程，完成"任务反思表"（参见附录 A）。

（2）反思你和小组成员在此次任务中的行为表现，完成"合作评价量表"（参见附录 B）。

课例6　桥梁搭建

一、引言

随着科技和经济的快速发展，以土木工程为专业背景的基础设施建设，例如，楼宇、交通网络、桥梁、公路、交通模型及水利网络等快速发展，工程项目建设不断取得新突破、新成就，人民的生活水平也日益提升。2018年10月23日，历时9年，横跨东西，飞架三地（香港、珠海和澳门）的港珠澳大桥正式通车。这是世界总体跨度最长、钢结构桥体最长、海底沉管隧道最长的跨海大桥，也是世界公路建设史上技术最复杂、施工难度最高、工程规模最庞大的桥梁，被英国《卫报》评为"新的世界七大奇迹"之一。港珠澳大桥是国家工程、国之重器，是中国桥梁"走出去"的靓丽名片。

二、任务挑战

设计并搭建一座坚固、实用、美观、高性价比的桥梁模型。

三、活动准备

（一）材料用具

- 硬卡纸
- 透明胶带
- 彩色画笔
- 电子秤（精确到1g，可共用）
- 电阻应变式传感器、静态电阻应变仪
- 五角/一元硬币（多枚）
- A4打印纸
- 固体胶
- 剪刀
- 尺子
- 一次性纸杯（穿挂绳）
- 薄木板（2~3片，仅限活动一使用）

（二）安全事项

（1）未经教师同意不得使用实验室的任何器材。
（2）在使用各种工具时，应掌握正确的使用方法，避免受伤。

（三）知识回顾

（1）力的概念是什么？力有什么作用效果？

（2）形变有哪些类型？什么是物体的弹性限度？如何观察微小形变？

（3）电阻定律的内容是什么？金属丝的电阻和哪些因素有关？

（四）热身活动

（1）课前查阅相关资料，了解梁式桥的承载结构特点，分析不同梁式桥类型的优点和缺点。

（2）4~6名同学组成一个桥梁设计团队并命名，成员分别担任：项目经理、结构设计师、外观设计师、材料清算师、造价工程师。

> 项目经理：团队召集人、投标发言人。
> 结构设计师：负责作品结构设计、制作和测试。
> 外观设计师：负责作品功能开发、外观设计。
> 材料清算师：负责材料领取、质量评估、质量控制。
> 造价工程师：负责造价评估、成本控制、利润计算、资金管理。

四、活动过程

活动一：科学探究——桥梁承重探秘

（一）提出问题

同一梁式桥在同一荷载下，形变量的分布有什么规律？（以一座两端不固定的简易木质梁式桥为例，如图1-6-1所示。）

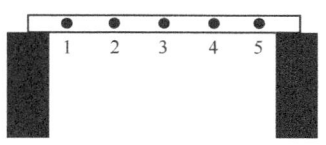

图1-6-1 简易木质梁式桥

（二）猜想与假设

利用薄木板搭建一座两端不固定的简易木质梁式桥，将一次性杯子置于薄木板上，往杯子里不断添加硬币，直至木板断裂。观察木板断裂后的形状，并提出猜想。

猜想：

（三）设计实验

利用电阻应变式传感器将桥梁形变这一力学量转换为电学量，进而从定性研究转向定量研究。

电阻应变片的基本构造如图1-6-2所示，它由电阻丝式敏感栅、基片、引线、覆盖层等组成。敏感栅是由直径为0.01~0.05mm的金属丝绕成的，它实际上是一个电阻元件，能将形变转换成电阻变化量。在测试时，将应变片顺着形变的方向粘贴在被测试件的表面上，当被测试件受力发生变形时，应变片的敏感栅也获得同样的变形，从而改变了电阻丝的长度、横截面积，进而使其电阻随之发生变化。因此，通过测量电阻丝的电阻变化转换为电压变化或电流变化，再用显示记录仪表将其显示记录下来，就能知道被测试件形变量的大小。

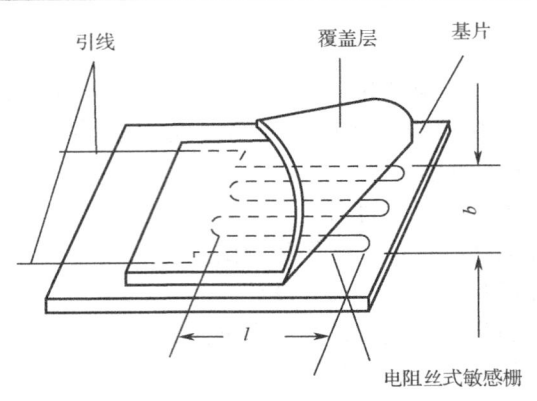

图 1-6-2　电阻应变片的基本构造

（四）进行实验

（1）如图 1-6-3 所示，将 5 个应变片顺着形变的方向，等间距粘贴在木板底部，并将应变片传感器连接到静态电阻应变仪中。

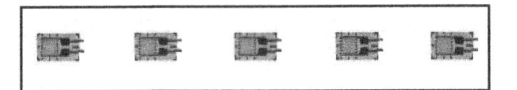

图 1-6-3　应变片粘贴方式示意图

（2）将一次性杯子放在木质梁式桥上并标记好放置位置，往杯子里放适量的硬币（为重复实验，该步骤不需要使桥模型断裂致损）。观察木质梁式桥模型的形变，并在表 1-6-1 记录 5 个应变片对应的数据。改变重物放置的位置、质量，重复实验。

表 1-6-1　桥梁不同位置的形变量

	应变片1	应变片2	应变片3	应变片4	应变片5
位置____、负荷____					
位置____、负荷____					
位置____、负荷____					
位置____、负荷____					
位置____、负荷____					
位置____、负荷____					

（五）分析数据，得出结论

分析实验数据，找到桥梁承重的最不利位置，验证猜想，得出结论。

结论：

活动二：工程制造——桥梁的设计

（一）明确任务

设计并搭建一座坚固、实用、美观、高性价比的桥梁。

(二)任务分析

以 4~6 名同学为一小组,利用提供的材料设计并搭建一座桥梁参与投标。

招标要求如下:

(1)每个小组需设计一座能跨过 28cm 空间的纸质桥梁参与投标。

注意:桥的两端不能固定在台面上。

(2)每个小组可以无限制地使用提供的材料,但有些材料需要付费,有些材料虽然不计成本但会增加桥梁的质量。成本越低、自重越小和承重能力越强的作品,其得分越高。

(3)项目主要考查以下几方面。

①技术性:桥梁结构稳固、承重能力强、成本低廉,小组对作品成本、质量估算精准。

②功能性:人、车通行分区明显,运载能力强。大小比例、空间分配合理,集交通、旅游观光、商业贸易功能于一体。

③艺术性:造型独特、颜色搭配美观、材料处理恰当。

(三)提出方案

(1)各成员按照要求,利用 Autodesk Inventor 2019 工程软件(下载地址 https://www.autodesk.com.cn/products/inventor/free-trial)进行桥梁负荷模拟,在下面空白框中完成作品图纸设计,并记录相关参数。

(2)小组成员进行头脑风暴,交流各自的设计方案。

①头脑风暴活动指南。

➢ 记录下小组成员的各种想法。

➢ 小组中的每个成员均要分享自己的想法。

➢ 打破思维定势,欢迎各种具有创新性的奇思妙想。

➢ 积极倾听其他人的想法,不要口头评价和质疑。

➢ 尽可能多地提出自己的观点。

②在聆听小组成员发言的同时,在表 1-6-2 中记录下你对其方案的想法。

表 1-6-2 头脑风暴记录表

发言人	可借鉴之处	存在问题	我的建议

(四) 选择方案

（1）小组成员是如何分工的？在表 1-6-3 中填写小组成员的姓名及所分配的任务。

表 1-6-3　任务分工表

团队名称：_____

编号与姓名	任务
1.	项目经理：团队召集人、投标发言人
2.	结构设计师：负责作品结构设计、制作和测试
3.	外观设计师：负责作品功能开发、外观设计
4.	材料清算师：负责材料领取、质量评估、质量控制
5.	造价工程师：负责造价评估、成本控制、利润计算、资金管理

（2）综合多方观点选择一个最佳方案，在下面空白框中画出设计图纸。

（3）根据选定的方案，列出材料清单，估算作品的成本和质量，并将估算值提交给教师。（注意：这两个估算值只在设计阶段允许更改）。提示：在估算纸张、胶带、固体胶的质量时，可先采用积累法测算出每单位面积/体积的材料质量，再结合材料预计使用量估算桥梁的总重量。

桥梁的估算成本（¥）：_____

桥梁的估算自重：_____

活动三：技术实践——桥梁的搭建及外观设计

(一) 实施方案

每个小组根据材料清单领取、"购买"材料进行制作。在制作的过程中，仍然可以"购买"更多的材料，而胶带等材料虽然免费，但过多使用会增加桥梁的质量。

注意：（1）本阶段桥梁的成本和质量估算值不能更改；（2）桥梁两端不可固定粘贴在台面上。

(二) 测试方案

当作品搭建完成后拿到测评区，进行桥梁内部承重测试。该内部承重测试旨在对桥梁结构设计的修改完善提供参考数据。进行内部承重测试时，不要达到桥梁的最大承重，以免损坏桥梁，若重新制作可能增加不必要的成本。当然，该步骤可有选择地进行。

(三) 改进方案

（1）结合内部承重测试结果，你的小组将对桥梁结构进行怎样的改进？在下面空框中出改进后的模型草图。

（2）按照改进方案，对桥梁的结构进行改进或重新制作。
（3）对桥梁进行功能开发、分区，并利用彩色画笔进行外观设计。
（4）对完成的作品进行实际成本计算和实际质量测量。

桥梁的实际成本（¥）：＿＿＿＿＿＿＿＿＿＿＿＿＿＿＿＿

桥梁的实际自重：＿＿＿＿＿＿＿＿＿＿＿＿＿＿＿＿＿＿

（5）如表1-6-4所示，计算以下几个比值。

表1-6-4 作品技术性评价比值量表

成本比 = 1/桥梁的实际成本（¥）	
承重比 = 承重/桥梁自重	（暂不填）
成本估算准确率 = $1 - \dfrac{\lvert 桥梁的实际成本（¥） - 桥梁的估算成本（¥）\rvert}{桥梁的实际成本（¥）}$	
质量估算准确率 = $1 - \dfrac{\lvert 桥梁的实际自重 - 桥梁的估算自重 \rvert}{桥梁的实际自重}$	

活动四：社会体验——招标、投标

（一）课前准备

（1）各小组统一讨论，每个任务角色提供手中数据、资料，整理完成《桥梁项目投标文件》，以PPT形式呈现。
（2）共同撰写发言稿，项目经理担任投标活动的诉标人。

（二）展示交流

面向班级召开"桥梁项目招标、投标活动"，展示投标方案。
（1）各项目负责人轮流上台介绍作品的功能、优势及亮点，并现场进行桥梁的承重能力测试（测试时，将一次性杯子的挂绳绑在桥板中间，每次往杯子里增加硬币后，等待约5s，待桥梁稳定后，利用尺子或电阻应变式传感器测量桥梁中部的凹陷或倾斜度，若该值达到2cm（该值可由教师综合所有作品的具体情况做调整），则认为桥梁损坏，此时杯子的总质量则为该桥梁的承重值。完成作品技术性各项比值计算，填入表1-6-5。

表 1-6-5　作品技术性评价比值量表

成本比 = 1/桥梁的实际成本（¥）	
承重比 = 承重/桥梁自重	
成本估算准确率 = $1-\dfrac{\|桥梁的实际成本（¥）-桥梁的估算成本（¥）\|}{桥梁的实际成本（¥）}$	
质量估算准确率 = $1-\dfrac{\|桥梁的实际自重-桥梁的估算自重\|}{桥梁的实际自重}$	

（2）师生评委、其他小组分别对产品的功能性、艺术性进行投票，每项可选投三个小组。

（3）根据评分表 1-6-6，综合各项得分，总分最高的团队中标。

表 1-6-6　桥梁评价及得分表

*得分说明：每项按名次赋分。（例如，全班总共分为 6 个小组，各小项数值/票数最高者得 6 分，最低者得 1 分。）

标准		组别					
		1	2	3	4	5	6
技术性：桥梁结构稳固、承重能力强、成本低廉，小组对作品成本、质量估算精准	成本比　　　　（分）						
	承重比　　　　（分）						
	成本估算准确率（分）						
	质量估算准确率（分）						
功能性：人、车通行分区明显，通行能力强。大小比例、空间分配合理，集交通、旅游观光、商业贸易功能于一体　　　　（分）							
艺术性：造型独特、颜色搭配美观、材料处理恰当　　　（分）							
总得分							
对不同组作品存在问题的简要说明：							

（三）拓展任务

（1）火眼金睛：收集生活中的桥梁照片，说说哪些结构有助于桥梁的稳固和承重，并从技术性、功能性、艺术性等角度进行评价。

（2）大开眼界：收集不同方面的"桥梁之最"照片，与同学们一同赏析，并畅想桥梁的未来发展趋势。

五、活动评价

（1）反思你的小组在桥梁设计、搭建和投标过程的表现，完成"任务反思表"（参见附录 A）。

（2）反思你和小组成员在此次任务中的行为表现，完成"合作评价量表"（参见附录 B）。

课例 7　环保助手——家用垃圾分拣器

一、引言

　　环境问题是当今世界面临的众多严峻问题之一。垃圾在生活中随处可见，垃圾的处理则直接关系到环境的好坏。在一些垃圾管理较好的地区，大部分垃圾会以卫生填埋、焚烧、堆肥等方式进行无害化处理，但是更多地区的垃圾则被简易堆放或填埋，造成臭气蔓延，污染土壤和地下水体等一系列问题。垃圾无害化处理的成本非常高，根据处理方式的不同，处理一吨垃圾的费用约为一百元至几百元不等。人们大量地消耗资源，大规模生产，大量地消费，又大量地排放着垃圾……继续循环下去后果将不堪设想。可见，垃圾的危害与我们日常生活的环境密切相关。

　　很多人会说我居住的地方并没有看到垃圾焚烧，所以根本不需要担心这个问题，也没有必要减少塑料制品的使用。这些认识缺乏理性和科学性。很多地方的垃圾虽然也在做分类，但分类效果差强人意，大部分地区根本没有严格执行且很难做到严格分类，处理垃圾的方法不是掩埋就是焚烧抑或是自然分解。从目前人类制造垃圾的速度来看，即使再来一个地球也迟早会被填满。因此垃圾分类是一件刻不容缓的事情。人人都是环保卫士，要增强保护环境的责任感，养成良好的行为习惯，为环保贡献一份自己的力量。

二、任务挑战

　　设计和制作一个基于单片机的家用垃圾分拣器，使人们在产生垃圾的源头将垃圾进行有效、细致、准确地分类。

三、活动准备

（一）材料器件

- 型号为 STC90C516RD+5N14927 或 AT89C51 的单片机
- 四相六线步进电动机
- 步进电动机驱动器 ULN2003A
- 4×4 矩阵键盘
- 双绞线
- 普中 HC6800—EM3 3.0 实验板
- LCD1602 显示屏
- 圆筒和底座相应配套齿轮
- 纸板
- Proteus8.0 系统仿真开发平台
- Keil μVision4 编程器

（二）安全事项

（1）未经教师同意不得使用实验室的任何器材。
（2）在使用各种工具时，应掌握正确的使用方法，避免受伤。
（3）电路板通电时不得随意插、拨连接的导线和元器件。

(三) 知识回顾

1. 步进电动机和单片机相关知识

如图 1-7-1 所示，步进电动机利用数字信号控制电动机，是机电控制中一种常用的执行机构，非常适用于单片机控制。当步进驱动器接收到一个脉冲信号时，它就驱动步进电动机按设定的方向转动某个固定角度，控制换相顺序，即通电控制脉冲必须严格按照一定顺序分别控制各相的通断。通过控制脉冲个数控制角位移量，从而达到准确定位的目的。控制步进电动机的转向，即给定工作方式正序换相通电，步进电动机正转；若按反序换相通电，则电动机就反转。控制步进电动机的速度，即给步进电动机发一个控制脉冲，它就转一步；再发一个脉冲，它会再转一步。两个脉冲的间隔越短，步进电动机就转得越快。同时通过控制脉冲频率来控制电动机转动的角速度和角加速度，从而达到调速的目的。

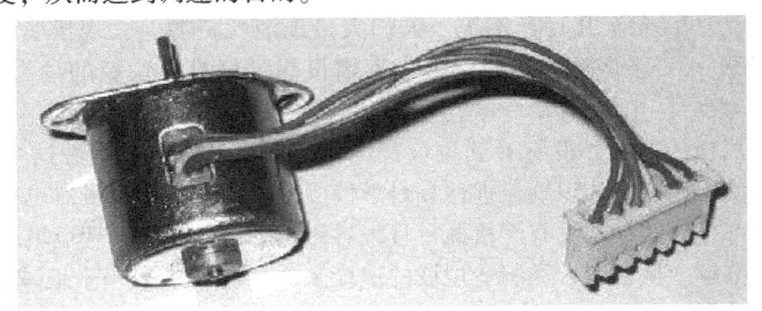

图 1-7-1 四相六线步进电动机

如图 1-7-2 所示，A 和 $\overline{A}$ 是联通的，B 和 $\overline{B}$ 是联通的。那么，A 和 $\overline{A}$ 是一组 a，B 和 $\overline{B}$ 是一组 b。不管是两相还是四相，四相五线或四相六线步进电动机，内部构造都是如此。至于究竟是四线、五线，还是六线，就要看 A 和 $\overline{A}$ 之间，B 和 $\overline{B}$ 之间有没有公共端 com 抽线。如果 a 组和 b 组各自有一个 com 端，则该步进电动机是六线的，如果 a 和 b 组的公共端连在一起，则是五线的。

要弄清步进电动机如何接线，只须把 a 组和 b 组分开，用万用表检测。

四线：由于四线没有公共端 com 的抽线，所以，a 组和 b 组是绝对绝缘的，不连通的。所以，用万用表测电阻，两组之间互不连通。

五线：由于五线中，a 组和 b 组的公共端 com 抽线是连接在一起的。用万用表测电阻，当发现有一根线和其他几根线的电阻是相当的，那么，这根线就是公共端 com 抽线。对于驱动五线四相步进电动机，不连接公共端 com 抽线也可以驱动步进电动机。

六线：a 组和 b 组的公共端 com 抽线是不连通的。同样，用万用表测电阻，发现其中一根线和其他两根线电阻值是一样的，那么这根线是公共 com 抽线，另 2 根线就属于一组。对于驱动四相六线步进电动机，不连接公共端 com 抽线也可以驱动该步进电动机。

步进电动机相关概念如下。

相数：产生不同对极 N、S 磁场的激磁线圈对数，常用 m 表示。

拍数：完成一个磁场周期性变化所需脉冲数或导电状态，用 n 表示，或指电动机转过一个齿距角所需脉冲数。以四相电动机为例，有四相四拍运行方式，即 AB-BC-CD-DA-AB；四相八拍运行方式，即 A-AB-B-BC-C-CD-D-DA-A。

步距角：对应一个脉冲信号，电机转子转过的角位移用 θ 表示，$\theta = 360°$（转子齿数 J × 运行

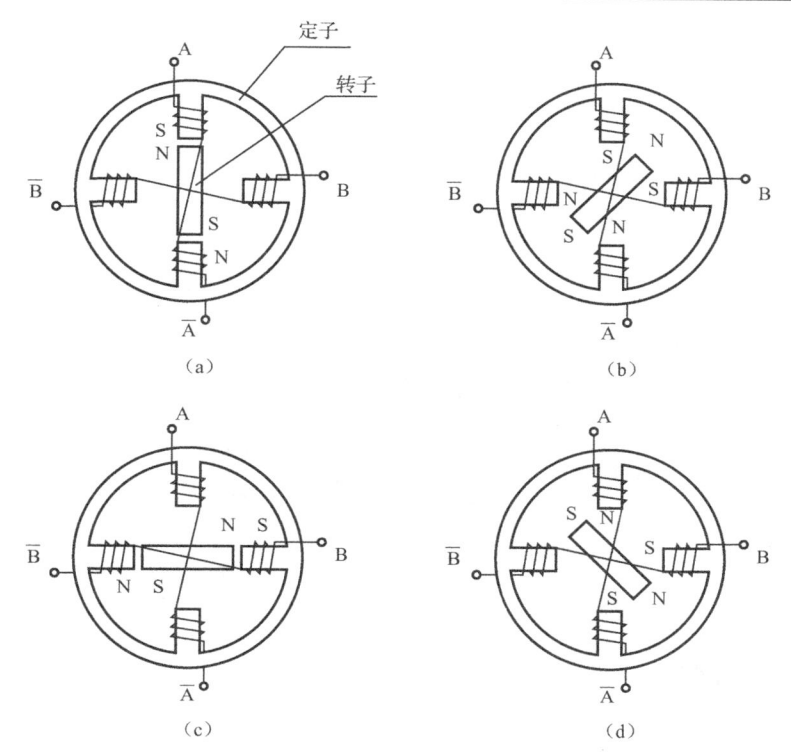

图 1-7-2 步进电动机内部构造及工作示意图

拍数）。以常规二相、四相，转子齿数为50齿电动机为例：四拍运行时步距角为 $\theta=360°/（50×4）=1.8°$（俗称整步），八拍运行时步距角为 $\theta=360°/（50×8）=0.9°$（俗称半步）。

定位转矩：电动机在不通电状态下，电动机转子自身的锁定力矩（由磁场齿形的谐波及机械误差造成）。

静转矩：电动机在额定静态电压作用下，电动机不做旋转运动时，电动机转轴的锁定力矩。此力矩是衡量电动机体积（几何尺寸）的标准，与驱动电压及驱动电源等无关。

2. 普中 HC6800—EM3 3.0 实验板结构

如图 1-7-3 所示，普中 HC6800-EM3 3.0 实验板提供 USB 2.0 和串口两种通信方式，USB 实现供电、编程、仿真、通信多种功能，另外还提供了 Atmel 单片机的 ISP 接口。此板兼容 STC、SST、Atmel、Philips 等51家族的所有单片机。普中 HC6800—EM3 V3.0 实验板光盘资料完整版下载地址：http://www.drv5.cn/sfinfo/13464.html 或者 http://pan.baidu.com/s/1eQgPuL0。

（四）热身活动

练习使用 Keil μVision4 编程器编写控制程序和利用 Proteus 仿真平台设计电路及调试控制程序。

1. 用 Proteus 设计四相六线步进电动机控制电路

在单片机开发应用中，Proteus 仿真平台获得了愈来愈广泛的应用，如图 1-7-4 所示。

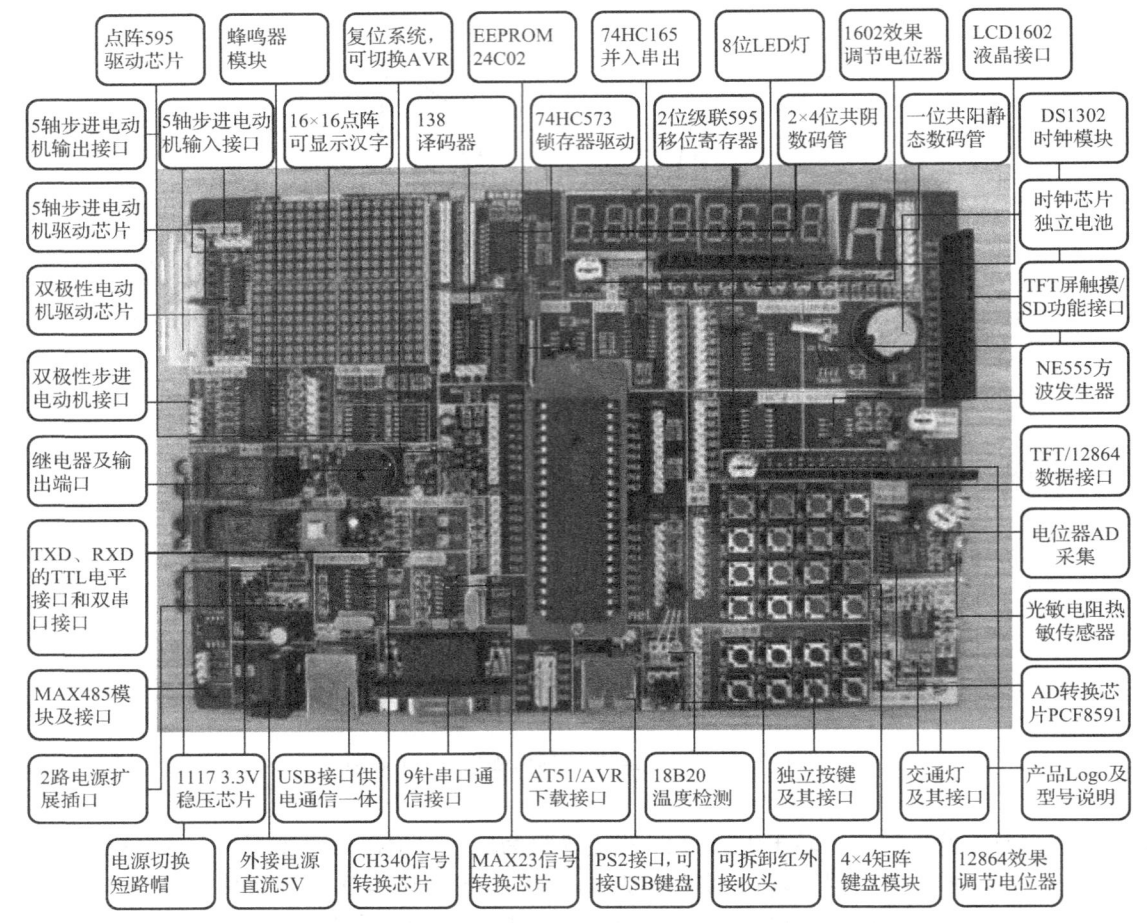

图 1-7-3　普中 HC6800-EM3 实验板

Proteus 仿真平台是英国著名的 EDA 工具（仿真软件），从原理图布图、代码调试到单片机与外围电路协同仿真，一键切换到 PCB 设计，真正实现了从概念到产品的完整设计。它是目前世界上唯一将电路仿真软件、PCB 设计软件和虚拟模型仿真软件三合一的设计平台，其处理器模型支持 8051、HC11、PIC10/12/16/18/24/30/DSPIC33、AVR、ARM、8086 和 MSP430 等，并持续增加其他系列处理器模型。在编译方面，它也支持 IAR、Keil 和 Matlab 等多种编译器。目前 Proteus 的最新版本为 8.7，增加了 ARM cortex 处理器，在 7.10 中已经增加 DSP 系列（TMS320）。使用 Proteus 软件进行单片机系统仿真设计，是虚拟仿真技术和计算机多媒体技术相结合的综合运用。在使用 Proteus 进行系统仿真开发成功之后再进行实际制作，能极大提高单片机系统设计效率。

2. 编写程序

在 Keil C51 中编写步进电动机正反转控制程序，编译通过后，与 Proteus 联合测试。

Keil μVision4 对于单片机、微型计算机控制等课程的学习有很大帮助。Keil μVision4 可以编写程序，检测程序，简单地说就是通过这款软件将高级语言（如汇编语言、C 语言等）翻译成单片机能识别的语言。Keil C51 支持所有的 8051 系列的芯片，是 51 系列兼容单片机 C 语言软件开发系统。与汇编语言相比，C 语言在功能上、结构性、可读性、可维护性上有明显的优势，易学易用。

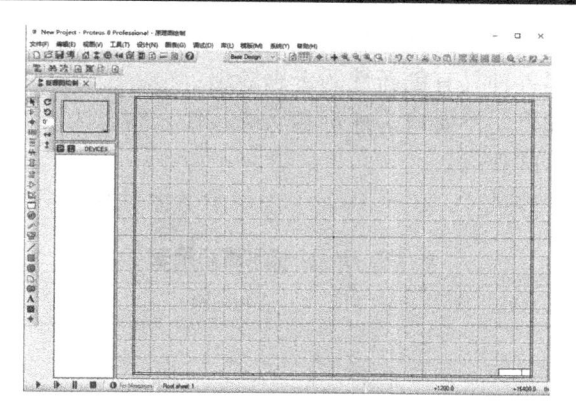

图 1-7-4 Proteus 单片机模拟仿真软件 8.7 SP3 界面

3. 启动仿真
观察步进电动机转动是否正常。
4. 查看结果
用 Proteus 设计可调速步进电动机控制电路，仿真调试、运行程序并查看效果。

四、活动过程

（一）明确任务
设计和制作一个基于单片机的家用垃圾分拣器。

（二）任务分析
（1）WebQuest 垃圾分类的规定和标准是什么？

垃圾分类是为了将废弃物分类处理，利用现有生产制造能力，回收利用可回收品，包括物质利用和能量利用，填埋处置暂时无法利用的无用垃圾。自 2019 年 7 月 1 日零时起，《上海市生活垃圾管理条例》正式实施，上海垃圾分类进入"强制时代"，所有垃圾都将被分为干垃圾、湿垃圾、有害垃圾及可回收物四类，居民小区都换上了带有相应颜色标识的垃圾桶，严禁将有害垃圾放到其他的生活垃圾分类处。通过互联网可查找我国各个城市垃圾分类的规定和标准。

（2）如何实现家用垃圾分拣？如何解决使安装在一个大桶（作为转动骨架）上的四个小桶能够自动转到指令位置的问题。

（3）可以用哪些材料和器件来制作分拣器模型？通过查阅资料，选择你所要使用的材料和器件并列出清单。

（三）提出方案
（1）确定垃圾分类主题（为了实现工程，建议分类不要太过细）；利用普中 HC6800-EM3 3.0 实验板上的硬件资源；通过 Keil μVision4 软件编程；设计并制作一个基于单片机的家用垃圾分拣器和带有垃圾类别显示的装置。

（2）小组成员进行头脑风暴，交流各自的设计方案。
①头脑风暴活动指南。
➢ 记录下小组成员的各种想法。

- 小组中的每个成员均要分享自己的想法。
- 打破思维定势，提倡各种具有创新性的奇思妙想。
- 积极倾听其他人的发言，不要口头评价和质疑其他人的想法。
- 尽可能多地提出自己的观点。

②在聆听小组成员发言的同时，在表1-7-1中记录下你对其方案的想法。

表1-7-1　头脑风暴记录表

发言人	可借鉴之处	存在问题	我的建议

（四）选择方案

（1）关注单片机型号、模拟实验板、步进电动机的选择，综合多方观点选择一个最佳方案，简要解释选择该方案的原因。

（2）在下面的空白框中画出该方案的技术路线图。

（五）实施方案

（1）选择主控制芯片单片机型号。
（2）选择模拟实验板及其配套相关资源。
（3）选择步进电动机型号。
（4）使用 Keil μVision4 编程器编程。
（5）小组成员是如何分工的？在表1-7-2中填写小组成员的姓名及所分配的任务。

表1-7-2　任务分工表

组别：＿＿＿＿＿＿　　　　　　　　　　　　　　　组长：＿＿＿＿＿＿

编号与姓名	任务	备注
1.		
2.		
3.		
4.		
5.		
6.		

（六）测试方案

（1）利用 Proteus 仿真平台测试电路和调试程序。

（2）使用 PZ-ISP 自动下载软件烧录程序。

（3）装配垃圾桶，调试步进电动机上的齿轮和垃圾桶上的齿轮的啮合程度，实现电动机顺畅运转。

（4）观察垃圾分拣器运行中出现的问题（如卡住不动等），分析原因。

（5）依据电动机铭牌参数计算其最大输出机械功率。

（七）改进方案

（1）实际使用过程中你的小组设计的垃圾分拣器可能会存在缺陷，例如，如果使用过程中突然断电，垃圾分拣器的运行会出现什么问题？思考哪些部分需要改进或增加功能模块？

（2）你的小组将对模型进行怎样的改进？画出经过改进后的模型草图，注明各部分结构的名称、材料。

（八）展示成果

（1）各小组派代表展示小组作品，并进行简要介绍。

（2）对照评分标准对其他小组的模型进行评价，填写表 1-7-3。

表 1-7-3　家用垃圾分拣器评分标准及互评表

标准	组别					
	1	2	3	4	5	6
科学性：模型所示结构与功能相匹配						
准确性：分拣效果明显						
艺术性：颜色搭配美观、材料处理恰当						
实用性：结构稳固、材料环保、成本低廉						
创新性：使用新材料，体现新方法，由多种学科知识整合						
各组平均得分						
对不同组产品存在问题的简要说明：						

（3）评选优秀作品。

五、活动评价

（1）反思你的小组做实验的过程，完成"任务反思表"（参见附录A）。

（2）反思你和小组成员在此次任务中的行为表现，完成"合作评价量表"（参见附录B）。

课例 8　夜间便携警示标识的设计与销售

一、引言

孩子们有时会在晚上进行露营、生物考查、聚会等外出活动。汽车在通过光线照明不良的道路时，司机不容易发现道路上的孩子，容易造成交通事故。如果能够研制一款容易附着在衣物、背包上，并且在夜间能够发光的警示标识，将其贴在孩子们的衣服和背包上，便可让在黑暗中行驶的汽车司机能及时发现孩子，减少事故发生。另外，孩子们在夜间开展团体活动时贴上容易辨识的发光标识，便于寻找同伴。家长和教师的管理也会更加便捷。

这种警示标识应该具备安全性、易用性及经济性三大特点。安全性是指警示标识在使用过程中不会对孩子的身体造成伤害。易用性是指通过简单的操作便可将警示标识安装在衣物或背包等其他物品上。经济性一是警示标识的制作成本要尽可能低，二是警示标识可以重复使用。

二、任务挑战

研制一款性价比高的夜间便携警示标识，并在网络或学校集市上销售。

三、活动准备

（一）材料用具

自备卫衣、夹克、背包、帽子等可以在夜晚穿戴的衣物或包，确保这些物品不会在高温熨烫时熔化，不建议使用皮制的、防水布和尼龙材质的物品。

其余物品由教师提供，例如，电熨斗、电烙铁、电致发光板（EL板）或光环板、激光切割机、美工刀。

（二）安全事项

（1）使用美工刀等锐器时要专心和耐心，以免割伤自己或他人。

（2）电熨斗、电烙铁都十分烫，在使用这些工具时要非常小心，以免烫伤自己或他人。（安全事项参见"五、相关知识"）

（3）在穿戴产品前，再次检查电线和EL板的接头处，确保没有裸露线头。完成项目前，建议将所有裸露的线头都涂上环氧树脂胶、热熔胶、电工胶带或其他绝缘材料。

（三）知识回顾

（1）基本的手工缝制技巧。

（2）焊接的技巧和注意事项。

（3）熨烫的技巧和注意事项。

（4）电路连接的操作方法。

（5）电致发光板的发光原理。

（6）对开源可编程光环板进行编程。

（四）热身活动

（1）以 4~6 名同学组成一个小组，确定本组的组名、标识物，并根据成员的特长进行分工，分别承担图案设计、标识制作、成本和价格核算、销售和宣传等工作。在表 1-8-1 中填写成员的姓名和分配的任务。

表 1-8-1　任务分工表

组别：_____　　　　　　　　　　　　组长：_____

编号	姓名	任务	备注
1			
2			
3			
4			
……			

（2）熟悉激光切割机、光环板、电烙铁的操作。

四、活动过程

活动一：技术实践——标识设计

（一）明确任务

为本小组设计体现小组特色且适合制作警示标识的图案。

（二）分析任务

（1）学习 2D 设计软件的使用方法。

（2）分析适合激光切割机切割的图案特点。

（3）搜索免费图片用于借鉴，借鉴思路用于图案设计。

（三）设计方案

（1）打印或绘制警示标识图案，并简要说明设计意图。

（2）讨论并比较本组成员携带的各类物料，选择适合制作警示标识图案的材料和适用于表达标识色彩的材料。

（四）实施方案

（1）使用美工刀在物料上完成图案的切割。

（2）物料和图案同置于激光切割机上切割成型。

（五）测试方案

查看切割后的图案是否符合设计预期。

（六）改进方案

根据切割出来的图案情况，讨论图案是否需要调整？所使用的物料是否需要调整？是否需要重新切割？是否需要重新设计？完成一个至多个可用图案，以便于后期比较和销售。

活动二：工程制造——EL 板（或光环板）的连接与安装

（一）明确任务

（1）将 EL 板或开源可编程光环板与物料结合。
（2）将 EL 板或开源可编程光环板与电源连接。

（二）任务分析

（1）选用 EL 板还是光环板来制作此标识？为什么？

（2）在准备好的物料中，哪种更适合遮光？

（3）准备的物料适合哪种结合方式？粘合还是缝合？

（三）提出方案

（1）记录确定的物料选择及原因。
（2）进行实施方案的讨论，小组成员进行头脑风暴，交流各自的设计方案。
①头脑风暴活动指南。
➢ 记录下小组成员的各种想法。
➢ 小组中的每个成员均要分享自己的想法。
➢ 打破思维定势，欢迎各种具有创新性的奇思妙想。
➢ 积极倾听其他人的想法，不要口头评价和质疑其他人的想法。
➢ 尽可能多地提出自己的观点。
②在聆听小组成员发言的同时，在表 1-8-2 中记录下你对其方案的想法。

表 1-8-2　头脑风暴记录表

发言人	可借鉴之处	存在问题	我的建议

（四）选择方案

（1）综合多方观点选择一个最佳方案，并简要解释选择该方案的原因。
（2）写出该方案的具体内容，注明操作步骤，以及所使用的材料名称。

（五）实施方案

（1）按照方案中的操作步骤和分工，采用不同的物料制作警示标识。
（2）根据实际实施方案过程中出现的问题调整方案。

（六）测试方案

（1）测试警示标识的结实程度。
（2）在黑暗中测试 EL 板或光环板的光线传递的最远距离各是多远？将结果记录在

表1-8-3中。

表 1-8-3　物料特性试验记录表

所用物料	可见距离
EL 板	
光环板+白色	
……	

（七）改进方案

根据警示标记的结实程度，讨论图案是否需要调整？物料结合方式是否需要调整？根据测试的结果对警示标识制作方案进行改进，并进行第二轮制作。

活动三：社会体验——产品包装和定价

（一）课前准备

（1）尝试将产品发布给目标客户，并可通过提供低价位的产品来判断客户的质量标准，通过提供高价位的产品来判断客户的心理价位。

（2）对于本课例中所使用的光环板等物料，也可以事先向供应商争取更优价格。

（3）清楚了解各种物料的价格和所需物料的数量。填写物料价格表，如表1-8-4所示。

表 1-8-4　物料表

物料名称	单位	单价	所需数量
总价			

（4）清楚了解警示标识的各制作步骤所需的时间，并在表1-8-5中填写制作时间。

表 1-8-5　制作时间表

工序	首次制作所需时间	批量制作所需时间
设计图案		
切割图案		
组装部分		
……		

（二）任务分析

根据不同的制作方案，综合考虑成本、价格、外观、耐用性、可扩展性等多种因素，确定适合销售的产品包装形式和价格。

（三）提出方案

（1）由负责销售和宣传的同学组织小组成员进行头脑风暴。

➢ 哪种制作方案适合销售和宣传？

➢ 销售产品应包括哪些部件？

➢ 使用什么方式对产品进行包装？袋装还是盒装？是否需要防震？包装材料从哪里获得？

是否需要美化？
> 使用哪种方式销售产品，单一产品销售还是系列产品销售？

（2）记录讨论过程中提出的不同方案。

（四）选择方案

（1）综合多方观点选择一个最佳方案，并简要解释选择该方案的原因。

（2）写出该方案的具体内容，注明所使用的包装、规格、定价。

（五）实施方案

按照所选择方案，对产品进行包装。

活动四：社会体验——产品销售

（一）课前准备

（1）由负责销售和宣传的同学组织制作网页，宣传制作好的产品——夜间便携警示标识。

（2）准备产品宣传展示用的PPT，用于销售会现场介绍产品。

（3）在成本许可范围内，制作销售用海报、传单、小册子或其他宣传用品。

（4）尝试申请微信公众号进行宣传。

（5）尝试申请淘宝或微店账号，并将产品上架销售。

（二）展示成果

面向全校召开"产品发布会"，展示活动成果。具体过程如下：

（1）各小组布置好展示摊位，张贴宣传海报、派发传单小册子或摆放计算机播放产品宣传、展示用的PPT。

（2）各小组成员协助销售产品。

（3）师生评委、其他小组对产品进行试用、打分。

（4）尝试推广微信公众号和产品销售链接。

（三）盘点成绩

（1）经过一段时间的产品销售，计算销售所获利润。

（2）分析所获利润与投入时间、投入成本等因素之间的关系，总结生产一件好商品需要注意哪些环节。

五、相关知识

1. 电烙铁的使用技巧

（1）新电烙铁在使用前，要先通电把电烙铁头上的保护油烧掉。

（2）旧电烙铁在使用前，要先检查电烙铁头的情况，如果电烙铁头发暗，要先用锉刀或砂纸将氧化层打磨掉。

（3）电烙铁头应该有一层比较光亮的助焊层，如果没有助焊层，等电烙铁头通电发热后，涂抹助焊剂，再上焊锡，形成新的助焊层。

（4）焊接前要确认焊接物品的表面干净、无杂物。

（5）将电烙铁设置为中等温度（325~375℃）。在焊接时，一旦有烟雾产生，要调低电烙铁的温度。

（6）一手拿焊条，一手拿电烙铁。不要让电烙铁直接接触焊条，而要用电烙铁产生的热来熔化焊条，形成焊点。

（7）先用电烙铁同时加热需要焊接的两端，可以用支架固定焊接的两部分。

（8）焊接时间恰当，一般不要超过 3s，以免损坏焊接部件。

（9）焊剂熔化后，先拿开焊条，再移开电烙铁。

（10）完美的焊点形状应该像小火山，而不是一个圆珠或一大坨焊锡。

2. 使用电烙铁的安全守则

（1）使用电烙铁之前，注意检查电烙铁是否有裸露接头等情况。

（2）女生在使用电烙铁前，注意扎起头发，避免头发接触电烙铁发生意外。

（3）电烙铁接通电源后，避免在附近摆放易燃物品，如纸张、布碎等。

（4）电烙铁要距离鼻子至少 30cm，以避免吸入过多有害气体。

（5）如果条件允许，尽量配备防护面罩。

（6）避免在手、脚、身体有汗的时候使用电烙铁。

（7）不可手持电烙铁嬉戏打闹。

（8）每次半途放下电烙铁须放回电烙铁架。

（9）电烙铁使用完毕后，先拔掉电源，等待电烙铁冷却后方可收起电烙铁。

（10）离开实验室前要确保切断所有电源。

3. 熨烫的技巧和注意事项

（1）通电状态下的熨斗很烫，不要用手触摸。

（2）不要用熨斗嬉戏、打闹。

（3）将所有层摆放完成后，使用小型手工电熨斗以画小圈的方式慢慢移动，将所有织物上的黏合剂融化。

（4）使用普通电熨斗时，调节到"棉布"挡，并使用前部的尖角熨烫，避免触碰到 EL 板。

（5）不要烫到超出 EL 板的熨贴布，这些部分后面要用来将标识粘在衣物上。

（6）一边熨烫一边轻轻揭起织物的边缘以查看是否粘贴牢固。

4. 电致发光板的发光原理

电致发光板的发光原理是在两电极上施加电压，在两电极之间产生电场。在一定电压驱动下，电子和空穴分别从阴极和阳极注入到电子和空穴传输层，然后迁移到发光层，并在发光层中相遇，电子进入空穴时，会以光的形式释放出多余的能量，如图 1-8-1 所示。

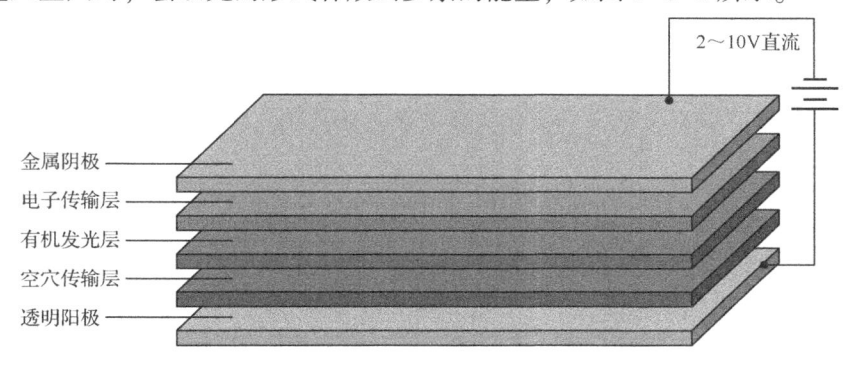

图 1-8-1 电致发光板的发光原理及电路连接

5. 开源编程光环板的使用

　　光环板是一块可通过 WiFi 无线联网的单板计算机，可搭配慧编程软件。软硬件结合，可以实现简易物联网，并使日常家居设备智能化。目前光环板编程只能在计算机上进行。

　　将光环板与计算机连接，将编写好的程序下载到光环板中，就可以改变光环板的用途。在本课例中，可以将光环板设置为亮单色灯光，以在黑暗中测试不同色光的传播距离。也可以将光环板设置为某一模式依次亮起不同颜色的灯，以在黑暗中识别队友。

六、活动评价

　　（1）反思你的小组在夜间便携警示标记的设计制作与销售过程中的表现，完成"任务反思表"（参见附录 A）。

　　（2）反思你和小组成员在此次任务中的行为表现，完成"合作评价量表"（参见附录 B）。

课例9　基于传感器的电磁辐射强度的测量

一、引言

科技的发展、家用电器的普及，给人们的生活方式带来了极大的便利，但随之而来的电磁辐射污染也日趋严重。电磁辐射逐渐成为继水污染、大气污染、噪声污染之后的第四大污染。由于电磁辐射无色、无味、看不见、摸不着，人们无法通过感觉器官察觉这种隐形污染。虽然电磁辐射不能被感知，但是已有研究证实，超过一定程度和一定时间的电磁辐射会对人们的学习和生活产生不同程度的影响。

对于拿手机来玩"王者荣耀"或者"吃鸡"游戏的同学们，你是否思考过，手机或者计算机的电磁辐射会给你带来什么危害呢？这种电磁辐射的强弱如何测量呢？

本课例的实践活动从高中物理课程中的两个重要内容——霍尔效应和电磁感应定律出发，带领同学们运用所学知识，结合电子技术，设计测量磁场强度的霍尔传感器和磁通门传感器，并用该传感器测量环境的磁场强度，进而了解环境空间的电磁辐射的分布及其强度。

二、任务挑战

制作霍尔传感器和磁通门传感器，测量环境磁场强度，评估环境辐射强度。

三、活动准备

（一）材料用具

- 霍尔传感器：A1104LU 霍尔元器件、电流传感器 ACS712 芯片、A/D 转换芯片 ADC0809、STC89C52 单片机、数据显示模块 LCD1602。
- 磁通门传感器：铁芯，初级线圈，次级线圈、ICL8038 芯片（正弦信号）、CD4046 锁相环和 CD4017 芯片（倍频电路）、功率放大驱动电路、带通滤波元件、模拟开关芯片 CD4051（相敏检波）、TLC1543 模数转换芯片、电阻、电容等电子制作元器件若干。
- 电路实验板、学生用电烙铁、焊锡、松香、吸锡器、示波器、万用表、普源数字示波器 DS1102U/E、直流稳压电源 LZT-1000 霍尔探头。
- 工具：热熔胶、剪刀、剪线钳等。

（二）安全事项

（1）在使用电烙铁时，应严格遵守使用规则，防止烫伤。
（2）使用电子元件时，应该用镊子取放并戴防静电手套，以防静电损坏芯片。
（3）未经教师同意不得擅自使用实验室的任何器材，以免发生危险。

（三）知识回顾

1. 磁场是什么？电磁波是怎样产生的？

电流、运动电荷、磁体或变化电场周围空间存在磁场。磁体间的相互作用就是以磁场作为媒介的。

电磁场包含电场与磁场两方面，分别用电场强度 E（或电位移向量 H）及磁通密度 B（或磁场强度 H）表示其特性。按照麦克斯韦的电磁场理论，时变的电场会引起磁场，时变的磁场也会引起电场。电磁场的场源随时间变化时，其电场与磁场互相激励导致电磁场的运动而形成电磁波。

2. 法拉第电磁感应定律是什么？变压器的工作原理是什么？

电磁感应现象是指因磁通量变化产生感应电动势的现象，例如，闭合电路中的导体在磁场里做切割磁感线的运动时，导体中就会产生电流，产生的电流称为感应电流，产生的电动势称为感应电动势。感应电动势的大小由法拉第电磁感应定律确定，电路中感应电动势的大小，与穿过电路的磁通变化率成正比，$\varepsilon(t) = -\dfrac{\mathrm{d}(NBS)}{\mathrm{d}t}$。

变压器是基于电磁感应定律，将某一等级的交流电压和电流转换成同频率的另一等级电压和电流的设备。

3. 霍尔效应是什么？霍尔电压和磁场强度之间是什么关系？

当电流垂直于外磁场通过半导体时，载流子发生偏转，垂直于电流和磁场的方向会产生一附加电场，从而在半导体的两端产生电势差，这一现象就是霍尔效应，这个电势差也被称为霍尔电势差（电压），霍尔电压与磁场强度成正比。

（四）热身活动

1. 电烙铁的使用方法

（1）准备工具：电烙铁、焊锡、松香、万用表。

（2）选择一把合适的电烙铁，因为电子电路都比较精细，所以不宜选择体型过大，功率过高的电烙铁。选好电烙铁后，首先要检查电烙铁的外表面有没有破损，绝缘皮有没有缺失，金属部分是否露在外面。用多用电表的电阻挡或二极管蜂鸣挡，测量电烙铁有没有短路和开路的情况。

（3）电烙铁准备好后，还要做好焊接的其他准备工作：用镊子来夹取元器件引脚，不要用手触摸，防止静电损坏元件；准备焊锡、助焊剂松香。

（4）准备工作完成后，将电烙铁通电，其温度逐渐上升，小心烫手。首先在烙铁头上镀上少量焊锡，之后把电烙铁头对准被焊物的根部，把焊锡放在被焊物的另外一侧，待焊锡融化成小圆锥状，把电烙铁向上提起。等焊点冷却后，用斜口钳把多余的引脚齐根剪掉。电路上所有焊点焊接完成后，可以在上面滴上几滴酒精，之后用刷子刷洗，清除杂质异物，防止造成短路等情况。使用完毕，电烙铁应断电后自然冷却。

注意：焊接时要控制时间，一般一个焊点的焊接时间不要超过 3s，否则电路板的铜皮容易膨胀翘起。

2. 电路设计

掌握电子电路的基本知识，能够识别色环电阻、电容、芯片的各个引脚；知道正弦信号发生电路、倍频电路、功率放大电路、相敏检波电路；熟练使用电路实验板。

3. 工具使用

了解示波器面板及各旋钮的作用，掌握示波器的基本操作要领，能用示波器进行电信号的测量。

4. 小组的建立

（1）由 4~6 名同学组成研究小组，并经投票产生组长。

(2) 组长组织召开小组会议,确定小组名称,并填写表1-9-1。

表1-9-1 小组分配表

小组名称	小组成员	组长

四、活动过程

(一) 确定问题

手机、计算机等电子产品对人体有辐射,过量的电磁辐射会对人体产生危害。多大的电磁辐射强度会对人体产生伤害呢?科学家们定义了电磁波比吸收率,即单位质量的人体组织所吸收或消耗的电磁功率,单位为W/kg(美国标准为1.6W/kg,欧洲标准为2.0W/kg)。我们可以用什么方法测量电磁辐射强度呢?

电磁辐射包含电场辐射和磁场辐射,电场容易被屏蔽,磁场却难被屏蔽,因此测量电磁辐射的大小可转化成测量磁场强度的大小。那么,如何测量环境的磁场强度大小便成为问题的关键。

(二) 研究问题

(1) 各小组在组长的组织下,进行头脑风暴式的组内讨论,有疑问或者争议的地方,可在课后到网上或者图书馆查阅相关资料,也可以请教工程师、教师,组内形成问题的初步解决方案,并填入表1-9-2中。

表1-9-2 小组方案表

小组名称	方案编号	主要思路
	1	
	2	

(2) 各小组轮流介绍各自的解决方案,随后进行小组间讨论,集体评价各种方案的科学性、可行性及合理性。最后,小组长总结组内讨论结果,教师对各组给出点评和建议,将记录填入表1-9-3中。

表1-9-3 小组评价表

小组名称	方案编号	科学性	可行性	合理性
	1			
	2			

(三) 设计方案

(1) 指导教师根据小组内的讨论结果,挑选出一些可行的设计方案供选择。
(2) 根据讨论得出的设计方案,各小组进行组内探讨确定具体实施步骤,将记录填入表1-9-4中。

表 1-9-4　小组实施步骤表

小组名称	步骤编号	主要内容
	1	

（3）各小组轮流介绍各自步骤，随后进行组间讨论，集体评价各种步骤的正确性和完整性。最后，指导教师总结讨论结果，对各组给出点评，将记录填入表 1-9-5 中。

表 1-9-5　小组步骤评价表

小组名称	步骤编号	正确性	完整性
	1		

（4）各小组根据指导教师的点评，制定新的实施步骤，明确每个步骤的具体操作内容，并确定每个步骤的负责同学，将小组内的讨论结果详细记录填入表 1-9-6 中。

表 1-9-6　任务分工表

小组名称	步骤编号	详细内容	负责同学
	1		

（四）实施方案

（1）霍尔传感器的制作步骤。

①使用 A1104LU 霍尔元器件制作测量磁场强度的霍尔探头，并对探头的外观、尺寸大小、防水性、密封性进行设计与处理。

②根据霍尔传感器的系统设计图，学生正确使用电烙铁进行焊接操作，将霍尔探头和电流传感器 ACS71 芯片进行连接。

③用 A/D 转换芯片 ADC0809、STC89C52 单片机、数据显示模块 LCD1602 组成数据处理和显示模块，并且用示波器对上述电路进行检测修正。

④用制作的霍尔传感器测量家用电器周围的磁场强度，并记录数据。

（2）磁通门传感器的制作步骤。

①将初级线圈和次级线圈差动式绕在铁芯上，构成磁通门传感器的探头。

②按照电路设计方案，焊接激励电路并调试。其中激励电路包括信号发生电路、倍频电路和功率放大驱动电路，每个电路的焊接要严格按照电路图执行，焊接时要小心谨慎，防止焊接错误或短路。焊接完毕，测试电路功能。

③按照电路设计方案，焊接检测电路并调试，其中检测电路包括带通滤波、相敏检波电路和移相网络。

④按照电路设计方案，焊接数据处理与显示模块。

⑤用制作的磁通门传感器测量家用电器周围的磁场强度。

（3）应用智能手机软件 Phytools 中 Magnetometer 测量磁场强度。

（4）比较磁通门传感器和霍尔传感器测量磁场强度的方法，分析各自的优缺点及其误差来源，思考并改进设计方案。

（五）改进方案

如何改进测量和分析电路，使磁场强度的测量精度更高。

（六）展示交流

各小组在完成活动内容后，撰写活动报告。活动报告内容大致包括：活动名称、活动目的、活动原理、活动材料、活动步骤、活动测量结果。各小组用 PPT 展示活动报告，进行组间交流。

五、活动评价

（1）反思你的小组做实验的过程，完成"任务反思表"（参见附录 A）。

（2）反思你和小组成员在此次任务中的行为表现，完成"合作评价量表"（参见附录 B）。

课例 10　如何提高太阳能反光板的发电效率

一、引言

当今世界，人类社会发展离不开能源，而随着主要能源——化石能源日渐消耗枯竭，开发和使用新能源迫在眉睫。在能源危机和环境污染日益严峻的形势下，世界上很多国家都在竞相开发和研究新能源技术，而太阳能光伏发电技术以其清洁、安全的特点得到了广泛应用和快速发展。

中国作为新的世界经济发动机，光伏产业呈现出前所未有的活力，大量光伏企业应运而生，现在光伏产量已经达到世界领先水平。然而，目前光伏发电技术依然存在发电效率低、发电成本偏高的问题。因此，提高太阳能板发电效率是亟待解决的问题。太阳能板价格昂贵，其输出功率如何达到最大化则变得尤为重要。工程师会采用不同方法使电能输出最大化，而通过增加照射到太阳能板上的太阳光的辐射量便是一种有效的方法。

我们可以像工程师一样，提出解决问题的思路，参与活动、项目和问题解决的全过程。在本课例的实践活动中，我们将设计、制造和测试小型平面反射器，并研究如何将反射光更多地聚集到太阳能光伏电池板上来提高输出功率。

二、任务挑战

设计太阳能光伏电池反光板的最佳安装角度及方法，使其能够提高太阳能光伏电池板输出功率。

三、活动准备

（一）材料用具

- 迷你太阳能板（预算为 10~100 元，可以网上购买，如搜索产品"小型太阳能光伏电池板"）
- 鳄鱼夹
- 电线
- 多用电表
- 长 0.6m，宽 0.6m 的纸板
- 剪刀
- 量角器
- 铝箔
- 调查工作表，每人一张
- （如果不使用太阳作为光源）100W 白炽灯泡（最好每个组都有准备。如果需要，团队间可以相互分享）

材料说明：

活动期间，天气条件较好的情况下，可以直接在太阳光下进行项目的测试。如果天气条件不好，可以几个小组共用一个相同功率（100W）的白炽灯泡或使用台灯在室内进行活动。

还有一些材料和器材可以全班共享，例如，导管和透明胶带；纸和铅笔，这样既可以节省成本，又可以锻炼团队协作和分享精神。

（二）安全事项

（1）本实验涉及 100W 白炽灯泡的使用，需要按规则接好白炽灯泡，要注意灯泡在工作时发热较烫，不可触碰，注意安全用电。

（2）本活动涉及电表的挡位选择和读数问题，在保证自身安全的情况下，注意仪器的规范使用，避免损坏仪器。对待实验器材和光伏电池板要小心操作，文明摆放，并学习事故排查和检修的小窍门。

（3）如果在室内用白炽灯泡作为光源，需要将灯直接夹在桌子上，太阳能光伏电池板也要固定在相应的位置。同学们在实验过程中不可碰撞或移动固定的物品。在展示项目成果的时候，需要用隔离带划定一个安全检测区域，保证灯泡或太阳能电池板不会被移动或触碰。

（三）知识背景及回顾

（1）平面镜反射光的原理是什么？能否用铝箔反射光达到集聚光的作用？

（2）电源电动势及内阻如何测量？使用多用电表时有什么注意事项？多用电表有什么挡位和功能？如何选择？

（3）在本次活动中应用了哪些电路连接及电功率的相关知识？

（4）光电效应的原理和太阳能光伏电池板产生电流的原理相同吗？

（四）热身活动

（1）每两位同学为一组，每组学生讨论分工，分别担任工程师和助理工程师。

（2）跟随教师，熟悉活动的背景、目的、任务。工程师会采用不同的方法来使光电转化输出最大化。通过增加照射到太阳能光伏电池板上的太阳光的辐射量可以提高太阳能光伏电池板的输出功率。本次活动将设计、制造和测试小型平面反光板，并研究如何将反射光聚集到太阳能光伏电池板上而提高输出功率。

（3）通过教师讲解，理解本次活动的相关原理，各仪器的操作原理、读数，安全使用等知识。

（4）掌握本次活动涉及的器材和工具的使用方法，掌握工程操作需要用到的资源条件。

（5）预习或复习高中物理相关知识模块——电源电动势及内阻的测量；练习和使用多用电表；复习电路、电功率、光电效应等相关知识；通过网络查找相关视频。

四、活动过程

（一）明确任务，准备材料

（1）本课例的实践活动的任务是设计太阳能光伏电池反光板的安装角度，能够提高太阳能光伏电池的输出功率。

（2）按活动要求准备材料。

（3）检查太阳能光伏电池板和多用电表的各项功能是否在理想的工作状态。掌握电路安装的基本原理和基本操作步骤，掌握多用电表等仪表的使用方法。

（二）任务分析

工程师常会采用不同的方法来使电能输出最大化。设计、制造和测试小型平面反光板，并研究如何用反射板聚集光照到太阳能板上有助于提高输出功率。

(1) 反射板能起到聚集光照的作用，反射板的最佳放置角度如何测量？

(2) 除了放置角度外，还有其他什么因素能影响反光板发挥最佳效果提高太阳能光伏电池板的输出电流？

(3) 如果反射光板被安放在屋顶的固定平板上，当太阳在空中改变位置时，你认为输出电流会受到什么影响？在工程实践中有什么解决办法？

(4) 检测反光板的最佳聚光效果时，是否需要控制其他因素相同，例如，光伏电池板的位置，光源与光伏电池板的距离，多用电表设置相同的挡位等。

(三) 设计方案（提出方案、选择方案）
(1) 小组头脑风暴集思广益，并写出设计思路。
(2) 每组的工程师要理清活动的步骤。
(3) 要制定计划对设计中的一些小项目进行检测。
(4) 设计小组的平面反光板的安装设计解决方案，与全班分享。

活动一、反光板放置角度设计方案

1. 提出问题，做出假设
(1) 太阳能光伏电池板输出电流的影响因素有哪些？

(2) 本次活动中所选的太阳能电池板功率要相同，光源功率也要相同，是否需要控制光源与太阳能光伏电池板的距离一致？是否需要在活动中固定太阳能电池板位置不变？

(3) 反光板能起到什么作用？应该如何放置？

2. 设计方案，提出方案
(1) 以小组为单位准备实验材料，确定小组的工程师和助理工程师。
(2) 小组成员进行头脑风暴，交流各自的设计方案，并填写表1-10-1。

表1-10-1 设计方案记录表

发言人	可借鉴之处	存在问题	达成的共识

3. 根据设计方案进行实验组装，写出主要的实验步骤
(1) 设计的反光板必须是独立的，并不依赖于特定的太阳能光伏电池板。本次活动的设计必须让太阳能光伏电池板平放在地面上，如图1-10-1所示，控制太阳能光伏电池板的影响因素相同。

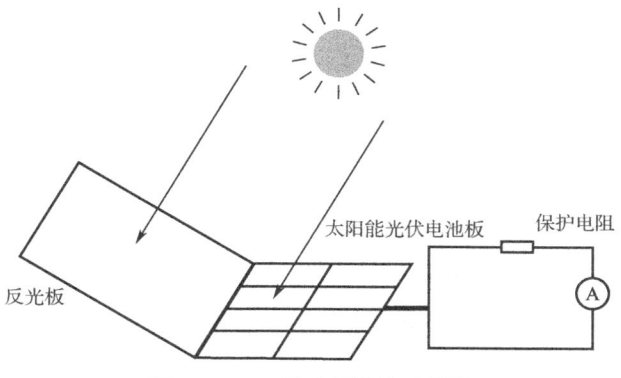

图 1-10-1 反光板设计示意图

(2) 根据自己的设计，裁剪铝箔，粘贴在纸板上。根据自己的设计，铝箔可以全覆盖纸板，也可以部分覆盖。

(3) 根据灯光和太阳能光伏电池板的位置，设定摆放反光板的角度，填写表1-10-2。

表 1-10-2 反光板与太阳能光伏电池板的夹角设计表

工程组	铝箔覆盖的面积（cm^2）	夹角（°）	备注
1组			
2组			

活动二、反光板形状创新设计方案（选做）

1. 提出问题，进行假设
(1) 实际工程中大部分反光板制作成平板形状，这是为什么呢？

(2) 如果在室内用白炽灯泡作为光源，你觉得平板反光板是最佳的选择吗？你还可以设计什么形状的反光板来最大限度地提高太阳能光伏电池板的输出功率？

2. 设计方案，提出方案
(1) 写出你的反光板形状设计方案，注明操作步骤，以及所使用的材料名称。
(2) 小组成员进行头脑风暴，交流各自的设计方案。
➢ 打破思维定势，欢迎各种具有创新性的奇思妙想。
➢ 记录下小组成员的各种想法。
➢ 小组中的每个成员均要分享自己的想法。
➢ 积极倾听其他人的想法，不要口头评价和质疑其他人的想法。
➢ 尽可能多地提出自己的观点。
(3) 在聆听小组成员发言的同时，在表1-10-3中记录下你对其方案的想法。

表 1-10-3 头脑风暴记录表

发言人	可借鉴之处	存在问题	讨论后的意见

3. 写出实验步骤

根据设计方案进行实验组装,写出主要的实验步骤。

(四)实施方案

(1)统一用自己的课桌作为实施方案的平台,在桌子上固定放置灯泡和太阳能光伏电池板的位置,防止脱落。

(2)每个小组一起回顾实施步骤,并按设计的步骤进行操作。

(3)在实验之前,让每组成员对其设计做一下简单的介绍,并回答其他小组提出的问题。

(4)每组助理工程师要准备好记录表格,用于记录实验数据。

(5)每个小组根据自己的设计方案对反光板进行组装。

(6)设计的反光板必须是独立的,并不依赖于特定的太阳能光伏电池板。本次活动的设计必须让太阳能光伏电池板平放在地面上,控制太阳能光伏电池板的影响因素相同。

(五)测试方案

(1)每个小组,在测试之前运用光伏反射技术的知识去估算每一块光伏电池板及其反射系统的输出电流。当一组学生展示其设计方案时,估算其产生的电流,并记录在册。你的目的是有较精确的估算能力,深刻理解太阳能聚集系统的工作原理。

(2)让一部分同学在全班同学前分享其估算值及方法。

(3)先不放置反光板,测量光伏板的输出电流,在表格上记录输出电流数据,然后关闭多用电表及灯泡。

(4)把反光板置于光伏电板之上,按照设计的角度放置,然后打开灯,在表1-10-4中记录夹角和输出电流(测试的时候,需要一位同学握住反光板)。

(5)在记录表上完成其他数据的计算。

每组重复步骤(1)-(4),确保数据可靠性。

表1-10-4 反光板的设计效果检测表

工程组	放置反光板前的电流(A)	放置反光板的夹角(°)	反光板有无创新的形状	放置反光板后的电流(A)	反光板对光伏板输出功率提升百分数(%)
1组					
2组					
3组					

五、活动评价

1. 活动前评定

根据每个学生写出以下问题答案的情况,评估自己对本课例的综合理解能力。

(1)为什么工程师要设计、建造并检测聚光太阳能光伏系统?

(2)什么是平面反光板?

(3)哪些材料比较适合用于设计反光板?

2. 活动中评价

与各组中进行实验装置设计的同学交流，确认他们是否理解相关概念并能正确记录数据。同时，组装成功的团队分享经验。

3. 活动后评价

（1）反思你的小组做实验的过程，完成"任务反思表"（参见附录 A）。

（2）反思你和小组成员在此次任务中的行为表现，完成"合作评价量表"（参见附录 B）。

课例 11　制作"超级马里奥兄弟"游戏实景体验端

一、引言

最早记录的电子游戏运行于真空管计算机上，其中最具代表性的就是井字棋游戏（Tic-Tac-Toe），电子游戏的诞生改变了人类对游戏一词的认识，影响了人类的游戏方式。随着互联网的快速发展，21 世纪的电子游戏取得了全方位的进步，从游戏内容、画面场景、角色功能与动作等方面都取得了跨越性突破，具有了更强的互动性及广阔的内涵与价值。此外，操作游戏的控制端也逐渐多样化，从简单的手柄、键盘类控制端，逐渐演化至地面、台阶、水果等各式各样的控制端。这些游戏控制端的转变听起来复杂，实则应用"逆天黑科技"MaKey MaKey 就能达到目的。

MaKey MaKey 是一个特殊的电路板，它可以将任何物体与智能设备进行连接，通过这些物体来操控智能设备或者运行应用设备。利用这个"逆天黑科技"，游戏玩家们可以体验各种脑洞大开的玩法。例如，用六根分别代替上、下、左、右、跳跃和攻击的香蕉，来玩超级马里奥兄弟网页版；将楼梯做成琴键的外形，用不同的楼梯来代替不同音阶，踩在不同的台阶上就能弹奏音乐；用铅笔在纸上画按键来玩像素大战等。

本次活动，将利用 MaKey MaKey 电路板做一个马里奥兄弟游戏实景体验端，同时利用激光切割、3D 打印等技术，对实景体验端进行精确地设计与制作，让实景体验端更美观。最后，利用激光切割、3D 打印等技术将 Inkscape 软件做的设计制作出来。

二、任务挑战

利用 MaKey MaKey 制作"超级马里奥兄弟"游戏实景体验端。

三、活动准备

（一）材料用具

- MaKey MaKey 电路板
- 实心铜导线（各种颜色，0.5mm 厚）
- 木板（3mm 厚，5mm 厚）
- 3mm 的毛毡（297mm×420mm 或 420mm×594m 规格，各种颜色，用于进行激光切割）
- 安装有 Windows 或 Mac 操作系统的计算机
- 透明胶带（1cm 或 5cm 宽）
- 竖锯（开关式，无极变速，转速 0~2600r/min，功率 800W，有三挡抬刀功能，切割深度 60mm）
- 工具：热熔胶枪、胶水、胶棒、剪刀等
- 防护眼罩（可选）
- 鳄鱼夹
- 长 0.5m 的迷你 USB 线
- 彩色亚克力板（3mm 厚，5mm 厚）
- 美文胶纸（5cm 宽）
- 3D 打印机、激光切割机（可选）
- U 盘（可选）

➢ 根据实景体验端的需要选择并准备材料用具

（二）安全事项

（1）未经教师同意不得使用实验室的任何器材。
（2）在使用各种工具时，应掌握正确的使用方法，避免受伤。
（3）接通电源前，务必让教师确认电路的接法是否准确。
（4）在激光切割机运行时，戴上防护眼罩进行观察和操作。

（三）知识回顾

MaKey MaKey 是一块几乎可以将身边任何物体变成触控板的电路板。对于任何导体来说，只要用鳄鱼嘴导线将物体与电路板上的各个控键相连，然后再连接计算机，就可以形成电流通路，给计算机发送信号，达到触摸板的效果，甚至表面湿润的绝缘体也可以实现。

导体是指电阻率很小且易于传导电流的物质。导体中存在大量可自由移动的带电粒子。在外电场作用下，带电粒子做定向运动，形成电流。

电路指由金属导线、用电器组成的导电回路。在电路输入端加上电源使输入端产生电势差，电路连通时用电器即可工作。

串联电路的特点为电流大小相等，可实现分压的功能；并联电路的特点为电压大小相等，可实现分流的功能。

（四）热身活动

1. 学习使用 MaKey MaKey 电路板

MaKey MaKey 左边的四对连接点对应键盘上代表"上""下""左""右"的四个键，用来控制方向；右边两个圆形的两对连接点依次对应键盘上的空格键和鼠标的左键；最下面一排的五对连接点表示地线。

使用 MaKey MaKey 电路板时，先用 USB 连接线将 MaKey MaKey 电路板连至计算机，然后使用鳄鱼夹将功能区连接点与地线连接。例如，在图 1-11-1 中，当黄色和黑色鳄鱼夹连接在一起时就形成了回路。

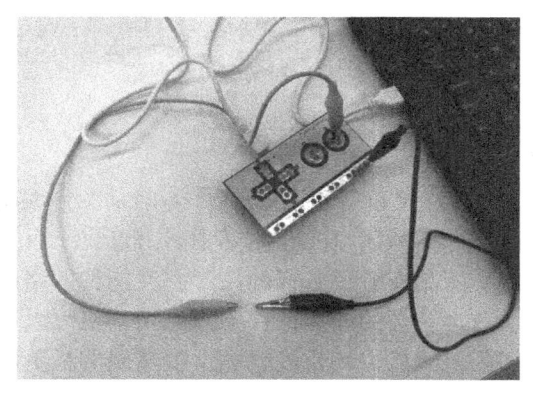

图 1-11-1　MaKey MaKey 电路板与计算机相连

在鳄鱼夹连接的部分可以填充各种各样的导体，通过不同的操作使电路形成通路，从而操作计算机。例如，将图 1-11-1 的连接部分替换为两端贴有铜贴纸的薄木板，鳄鱼夹分别夹在薄木板两端，就得到了图 1-11-2 所示的控制端。

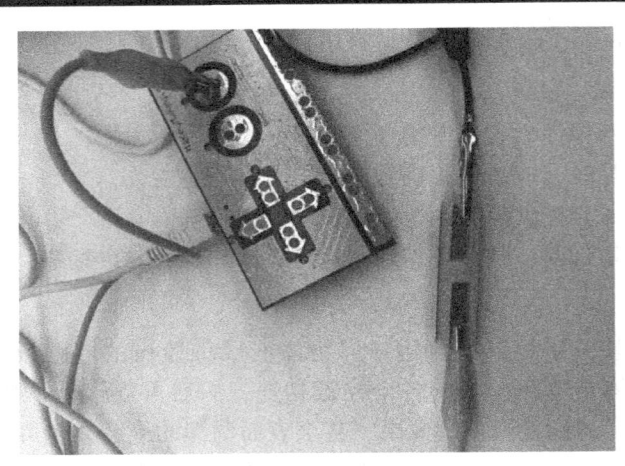

图 1-11-2　控制端设计

当人手按住铜贴纸中间的空隙部分时，MaKey MaKey 电路板的绿色指示灯亮起，表示电路形成回路，开始工作。在图 1-11-3 的示例中，鼠标左键工作。

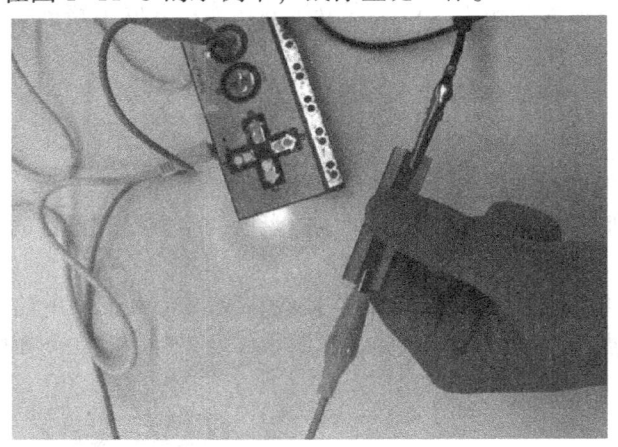

图 1-11-3　控制端设计回路

2. 学习使用 Inkscape 设计软件

Inkscape 是一套以自由软件方式发布与使用的 SVG 等向量图形编辑器，它具有跨平台性，支持 Windows、Mac OS X、Linux 及类 UNIX 版等多种操作系统。

学生既可以用基础的绘图功能制作各种各样的图形，又能将网络图片转化为矢量图再对其加以修改，得到自己想要的图形。将做好的图形保存为激光切割机可以识别的 dxf 格式，存入 U 盘内，再用激光切割机读取并切割，就能得到长度、宽度都精确的精美版画，如图 1-11-4 所示。

3. 工具使用

正确使用游标卡尺、螺旋测微器、卷尺、钢尺等测量工具测量长度。

（1）游标卡尺的使用方法。

①测量时，右手拿住尺身，大拇指移动游标，左手拿待测的物体，使待测物位于外测量爪之间，当与量爪紧紧相贴时，即可读数。

②当测量零件的外尺寸时：卡尺两测量面的连线应垂直于被测量表面，不能歪斜。

图 1-11-4 精美版画

③读数时首先以游标零刻度线为准，在尺身上读取毫米整数，即以毫米为单位的整数部分。然后看游标上第几条刻度线与尺身的刻度线对齐，如第 6 条刻度线与尺身刻度线对齐，则小数部分即为 0.6mm（若没有正好对齐的线，则取最接近对齐的线进行读数）。读数结果为：L=整数部分+小数部分−零误差（判断游标上哪条刻度线与尺身刻度线对准）。

（2）螺旋测微器的使用方法。

①使用前应先检查零点：缓缓转动微调旋钮，使测杆和测砧接触，到棘轮发出声音为止，此时可动尺（活动套筒）上的零刻度线应当和固定套筒上的基准线（长横线）对正，否则有零误差。

②左手持尺架，右手转动粗调旋钮，使测杆与测砧间距稍大于被测物。放入被测物，转动保护旋钮到夹住被测物，直到棘轮发出声音为止，拨动固定旋钮使测杆固定后读数。

四、活动过程

1. 确定问题

利用 MaKey MaKey 电路板制作"超级马里奥兄弟"游戏实景体验端。当使用者向前走、向后退、起跳时，游戏里的角色也会做出相同的动作，使用者将自身动作代替键盘指令，体验游戏。

2. 研究问题

为了实现"超级马里奥兄弟"游戏实景体验端的相应功能，我们需要怎样对问题进行拆分？

3. 科学探究

MaKey MaKey 电路板的工作原理是什么？应该怎样使用它？

4. 科学设计

根据游戏要求，使用者做出不同指令时，键盘上的功能键应该分别处于什么状态？联系已经学过的电学知识，设计相应的基本电路。

5. 实施方案

根据已经设计好的电路图、MaKey MaKey 电路板的工作原理和使用方法，制作实际电路，即实景体验端，实现预期功能。在实践过程中，记录遇到的问题及解决方法。

6. 测试方案

测试实景游戏体验端，对比预期功能与实际情况，完成测试记录表 1-11-1。

表 1-11-1　测试记录表

预期功能	实际情况

7. 改进方案

分别从外观美化、功能改进两方面对产品进行优化。

（1）外观美化：产品看起来整洁美观，特色突出，易于识别，能吸引人眼球，并具有情怀和寓意。组员需要认真分析使用者的外观设计需求，在市场调研的基础上，从专业的角度提出自己的见解，并给出初步的设计构想及具体的实施方案。外观美化设计并不只是简单的画图、美化，它需要设计师深入了解产品结构、材质、工艺、技术等多方面，并灵活运用自己的经验和技能，给出合理的、可行的优化设计方案。

（2）功能改进：梳理产品的功能与结构之间的关系。结构系统是产品功能实现的硬件，是实现产品功能的前提，反映了设计对象是由哪些零部件构成的，以及各个零部件之间的相互关系。每一个功能的实现都有相应的物质结构基础，它们是各种功能的结构单元。产品的结构系统与功能系统共存于产品这一共同体中，缺一不可。思考它们都发挥了哪些作用，还能通过怎样的方式相互衔接。

8. 展示成品

可从以下几方面展示产品。

产品原理介绍：介绍产品结构组成，各种功能的结构单元运作方式，以及相关的学科知识。

产品使用介绍：介绍具体使用方法及操作步骤，并提示安全注意事项，发生意外的相关紧急操作。

产品未来价值：从电子游戏、网络游戏、VR 技术、未来世界等方面讨论产品在未来的价值、可能面临的问题，以及可能产生的影响。

五、活动评价

（1）反思你的小组做实验的过程，完成"任务反思表"（参见附录 A）。

（2）反思你和小组成员在此次任务中的行为表现，完成"合作评价量表"（参见附录 B）。

课例 12　兰花自动浇水设计

一、引言

兰，在中国文化里意喻高洁典雅。我们经常用"空谷幽兰""蕙质兰心"来形容女子的美好，也有"金兰之交"来形容朋友之间的情谊。屈原的《离骚》里，更是用了大量的兰来形容高尚的情操。因此，养兰花是许多国人的爱好。

然而兰花并不好养，许多人不能掌控浇水的适宜程度，过量浇水会导致兰花因根或叶腐烂而死。所以，本课例设计一个适合兰花生长习性的浇水系统，科学控制兰花浇水量，让兰花在自动浇水系统的浇灌下健康生长。

首先我们要了解盆栽植物对水的要求。如果晚上给植物浇水，其所在土壤中的水分不易挥发，很可能造成根腐病或叶腐病。因此，给兰花浇水白天为宜。同时，兰花对水分的要求比较高，一般是：八分干，二分湿。因此本课例要设计一个能满足上述两个条件的自动控制电路。

其次要学习相关的电路知识。例如，满足上述两个条件的自动控制电路，在高中物理课本选修 3–1 的《简单的逻辑电路》一节中介绍的"与"门适合在这个设计中使用。

最后，我们还需要能收集花盆中湿度信息和环境中亮度信息的电子元器件。它们通常是传感器，所以，在各种各样的传感器中找到最适合本设计的传感器也是一个很重要的环节。

制作好的电路是否满足预期需要实践检验，在检验中如何控制变量，验证电路是否能按要求浇水，这又需要我们有相关的检验控制电路。所以，这是一个看起来很简单，实际操作起来略为复杂的挑战。

二、任务挑战

给兰花设计一套自动浇水系统，根据兰花的生长习性浇水。

三、活动准备

（一）材料用具

- 一盆兰花、干燥的沙子、空花盆、纸箱（足够大，能够罩住花盆和自动浇水系统）、水槽。
- 湿度传感器、光敏传感器、可调电阻元件（或滑动变阻器）、电源、水泵、导管、开关、电磁继电器、与门集成电路。
- 根据制作自动浇水系统的需要选择并准备其他材料。

（二）安全事项

（1）未经教师同意不得使用实验室的任何器材。
（2）在使用各种工具时，应掌握正确的使用方法，避免受伤。
（3）使用电烙铁焊接电路时，注意使用方法，确保安全。

(三) 知识回顾

1. 传感器

传感器是一种检测装置，能感受到被测量的信息，并能将感受到的信息，按一定规律变换成为电信号或其他所需形式的信息输出，以满足信息的传输、处理、存储、显示、记录和控制等要求。

根据传感器基本感知功能分为热敏元件、光敏元件、气敏元件、力敏元件、磁敏元件、湿敏元件、声敏元件、放射线敏感元件、色敏元件和味敏元件等十大类。其中，光敏传感器是对外界光信号或光辐射有响应或转换功能的敏感装置；湿敏传感器是能够感受外界湿度变化，并通过器件材料的物理或化学性质变化，将湿度转化成有用信号的器件。

2. 逻辑电路

最基本的逻辑电路是门电路。所谓"门"，就是一种开关，它在一定条件下允许信号通过；如果条件不满足，信号就被阻挡在"门"外。常见门电路有与门、非门和或门。

如果一个事件的几个条件都满足后，该事件才能发生，我们把这种关系叫作"与"逻辑关系。具有"与"逻辑关系的电路称为"与"门电路，简称"与"门。

（1）"与"门的符号：＿＿＿＿＿＿＿＿

（2）在表 1-12-1 中将具有两个输入端的"与"门真值表填写完整。

表 1-12-1　"与"门真值表

输入		输出
A	B	Y

(四) 热身活动

（1）通过查阅资料或互联网搜索了解兰花的相关知识，并画出思维导图。

（2）到亲戚或朋友家分株种植一盆兰花，或到花卉市场购买一盆兰花，并向亲戚、朋友或卖家了解兰花的养护方法。

（3）向同学展示自己选择种植的兰花——既可以通过朋友圈、空间、微博等社交媒体展示，也可以制作相应的 PPT 或其他类型的文件，在教室的多媒体机展示，并向同学们介绍你选择该品种兰花的原因。

（4）学会使用电烙铁焊接电路。

四、活动过程

(一) 明确任务

设计一个能够给兰花自动浇水的电路控制系统。浇水量要符合兰花的生长习性；能够在早上根据土壤的干湿程度浇适量的水。

(二) 任务分析

要设计一个能够给兰花自动浇水的控制系统，必须让系统"知道"什么时候需要浇水，如何控制电路的通断，如何控制浇水量，等等。我们重点分析以下几个问题：

（1）早上浇水有利于植物的生长，需要一个可以识别"早上"的装置，如光敏传感器。

（2）为防止兰花的根因为土壤长期过湿而腐烂，选择土壤干透的时候给兰花浇水。因此，还需要一个可以识别土壤干湿程度的装置，如湿敏传感器。

（3）结合以上两点，我们需要设计的自动浇水系统应满足"早上"且"土壤干燥"时浇水，这刚好是"与"逻辑关系。故而，我们需要用到"与"门——"早上"和"土壤干燥"是"与"门的两个输入信号，光敏传感器和湿敏传感器通过特定的电路连接"与"门的输入端。输出端与控制浇水电路的开关相连。当两个输入信号"早上"、"土壤干燥"都为"1"时，输出信号为"1"，浇水电路开关闭合，水泵通电，通过导管给兰花自动浇水。

（4）兰花对水分的要求比较高，一般是"八分干，二分湿。电路控制浇水之后，还要考虑何时断电、停止浇水。所以，我们要在输入端接入可调电阻元件，结合实践反复调整可调电阻元件的阻值，使"湿敏传感器"探测到土壤湿度达到80%的时候，输入信号变为"0"，这样输出信号也为"0"，控制浇水的电路开关断开，停止浇水。

（5）当自动浇水控制系统制作好后，要检验系统能否按照要求浇水，这要求我们在实验室里能够控制光照条件和土壤湿度。所以我们在空花盆里装入适量的沙子，用足够大的纸箱盖住，并在纸箱里安装可调节亮度的照明电路。

（三）设计方案

根据上述对问题的研究，我们开始设计制作控制系统的方案。

1. 设计电路简化原理图

我们的目标是"早上"且"土壤干燥"时，浇水系统给兰花浇水，所以电路可以简单分成两部分：一部分是控制电路——用于控制浇水系统在满足条件的情况下浇水；另一部分是浇水电路——用于控制水泵浇水量。使用电磁继电器接在"与"门的输出端，从而控制浇水电路的通断。

完成浇水控制系统后，还要检测系统能否按要求浇水，所以还需要设计一个检测电路——安装在纸箱内部的可调节亮度的照明电路。

在下面的空白框中画出浇水系统和纸箱内部照明电路的电路简化原理图。

2. 选择电子元件和其他材料

光敏传感器是最常见的传感器之一，它的种类繁多，主要有光电管、光电倍增管、光敏电阻、光敏三极管、太阳能电池、红外线传感器、紫外线传感器、光纤式光电传感器、色彩传感器、CCD 和 CMOS 图像传感器等；由于光电管灵敏度低、体积大、易破损，所以首先排除光电管、光电倍增管。鉴于使用要求是"早上给植物浇水"，传感器的信息源可以归为"可见光"，故而不使用光电管或红外线、紫外线之类的传感器；另外，我们使用光敏传感器主要用于输入信号的通断，所以太阳能电池、光纤式光电传感器、色彩传感器、CCD 和 CMOS 图像传感器等也可以排除在外。结合使用的便捷要求，可以考虑使用光敏电阻。根据光敏电阻的光谱特性，光敏电阻器可分为三类：紫外光敏电阻器、红外光敏电阻器、可见光光敏电阻器。显然，我们需要使用可见光光敏电阻器。

通过查阅资料分析如何选择湿敏传感器和其他材料：

3. 设计实物草图

在下面的空白框中把你设计的电路简化原理图转换成实物草图，并标明每个部件的名称及型号。

（四）实施方案

1. 电路的初步制作

根据你设计的实物草图制作兰花的自动浇水系统，包括控制电路、浇水电路和检测电路。在制作电路时，使用的导线长度和其他部件的尺寸要考虑到电路固定在纸箱和花盆等实物上的间距和布局，在使用电烙铁焊接电路的过程中安全用电，小心使用，以免手被烫伤。

2. 电路与花盆、纸箱等实物之间连接固定

把控制电路的湿敏传感器安装在靠近花盆底部的适当位置处，光敏传感器固定在花盆的某处，再往花盆里装满干燥的沙子。浇水电路与水泵、导管连接好，将水泵放入装满水的水槽中。

（五）测试方案

用纸箱盖住，更换光照条件和湿度条件，测试自动浇水系统并记录相关数据，填写在表 1-12-2 中。

表 1-12-2　系统测试结果表

土壤湿度	光照强度	是否浇水
干	花盆被纸箱盖住，处于黑暗之中	
干	花盆被纸箱盖住，处于光亮之中	
湿	花盆被纸箱盖住，处于黑暗之中	
湿	花盆被纸箱盖住，处于光亮之中	

（六）改进方案

初次制作出来的自动浇水系统不一定能完全实现在"早上"且"土壤干燥"的情况下浇水，可能会出现在"晚上"或"土壤很湿"的情况下浇水，这种情况下，可以在光敏传感器或湿敏传感器所在的支路上，根据传感器的特性串联或并联可调电阻器，通过改变可调电阻器的阻值来改变"与"门输入端的电势大小（电平高低），从而达到"早上"且"土壤干燥"时浇水的目标。

（七）展示成果

（1）把制作好的自动浇水系统展示给其他同学，介绍你在挑选材料和电子元件等制作材料时，是从哪些因素进行考虑的。

（2）文化传承及艺术展现。

①搜索历代诗文中含有描写兰花的诗文，挑10句与大家分享，并说说哪句最能形容自己养护的那盆兰花。

①
②
③
④
⑤
⑥
⑦
⑧
⑨
⑩

②查阅与兰花有关的中国画，临摹或创作一幅兰花图。

（八）反思与评价

（1）经历了选择材料和电子元件，制作自动浇水系统及检测浇水系统，你收获了什么？在整个过程中最具挑战的环节是哪个环节？

（2）你对自己制作的自动浇水系统是否满意？

（3）电学元件的耗能问题和系统稳定性问题一直是可持续发展关注的热点，查阅资料了解目前传感器发展的技术水平，从节能环保和系统稳定性两方面评价你的自动浇水系统。

五、活动评价

（1）反思你的小组做实验的过程，完成"任务反思表"（参见附录 A）。
（2）反思你和小组成员在此次任务中的行为表现，完成"合作评价量表"（参见附录 B）。

课例 13　多功能折叠鞋的设计与制作

一、引言

日常生活中，鞋子的功能性和舒适性很容易引起大家的关注。想想自己有几双鞋，你能说出自己有几种不同类型的鞋吗？在生活中，女性上班族肯定遇到过这样的情景：穿着一双漂亮的高跟鞋到公司，又要随身携带一双准备下班去逛街或散步的平底鞋。设想一下：如果高跟鞋可以兼作平底鞋，岂不是更好？这样的设计不仅会使高跟鞋所占鞋柜空间减少一半，而且实现了鞋子的舒适性和美观性等功能。

本课例要求学生以小组为单位，设计并制作出能在高跟鞋与平底鞋之间自由切换的多功能折叠鞋。制作出样品后，需拍摄折叠鞋效果照片和短视频做成广告进行销售宣传。在多功能折叠鞋的设计过程中，需要学习 CAD 制图、3D 打印技术，进一步提升对物理基础知识的理解程度和工程设计能力。接下来，看看如何设计一款既时尚又实用的多功能折叠鞋吧！

二、任务挑战

设计一款多功能折叠鞋，既具备高跟鞋的漂亮又具备平底鞋的舒适。

三、活动准备

（一）材料用具

- 泡沫芯板，尺寸为 20cm×28cm
- 薄橡胶板，尺寸为 18cm×28cm×64cm
- 用于支撑高跟鞋底的可弯曲扁平金属条，尺寸为 2.5cm×15cm×0.25cm
- 鞋跟的木质销钉，长 2.5~7.6cm，厚度各异
- 1cm 左右的铰链
- 各种鞋面的材料
- 鞋带
- 鞋扣
- 纽扣
- 尼龙搭扣
- 其他类型的紧固件
- 纸张和铅笔，用于记录头脑风暴的想法和设计素描
- 受力分析图表，每组两个

班级共享材料如下：

- 剪刀
- 针和线
- 胶带
- 环氧树脂
- 橡胶胶水
- 热胶枪和胶棒
- 螺丝刀和螺丝
- 钻头
- 装有 CAD 程序的计算机
- 摄像机，可以拍摄一个 30s 的鞋类广告
- 3D 打印机

（二）安全事项

（1）未经教师同意不得使用实验室的任何器材。

（2）在使用各种工具时，应掌握正确的使用方法，避免受伤。

（三）知识回顾

设计鞋子是一个复杂的过程，我们在此过程中必须考虑以下事实：走路时细跟高跟鞋鞋底对地面的压强大于平底鞋鞋底对地面的压强；当大步流星地走路时，细跟高跟鞋的鞋跟也承受了巨大的扭力。因为行走时整个脚底会全部接触地面，鞋跟也需要为脚提供支撑，所以设计高跟鞋时必须考虑其是否能够承受这些力。因此，鞋子设计师常需要用坚硬的鞋底来保持高跟鞋的形状，也防止细跟高跟鞋在走路时鞋弓发生塌陷。

穿着者因为鞋子的高弓形或塌陷的弓形会导致膝盖受伤，为了改善这一现象，矫形器便应运而生了。矫形器通常用于修复扁平足或者高弓形引起的常见不良步态。将矫形器设计嵌入鞋子，这样在人的脚踝、膝盖和臀部之间形成直线，用于修复许多常见的膝盖和脚部损伤。

那我们是不是可以设计一种在修复不良步态的同时，能够在这两种截然不同的功能之间进行转换的鞋子呢？

（四）热身活动

（1）与学生一起回顾工程设计步骤。
（2）确定开展活动方法。
（3）从功能上选择可折叠式设计或者可拆卸式设计。
（4）让每个小组准备鞋子样品制作过程中所需的材料。

四、活动过程

1. 明确任务

女士穿着高跟鞋出席重要场合是一种社交礼仪，但是长时间穿着高跟鞋确实会对女士的健康造成一定危害。例如，足部皮肤破损、膝关节损伤、下背痛及足部变形等。如果高跟鞋能够轻松转换成平底鞋，那么穿着者就可以在合适的时候（如驾驶汽车、散步或逛街时）在两种款式之间切换，增加舒适度且减少脚的损伤。

2. 任务分析

为了帮助大家获得灵感，教师可展示市场上流行的几款多功能鞋，分析它们的优缺点，然后对这几款多功能鞋进行拆解。在教师拆解多功能鞋的时候，大家思考以下问题。

（1）平底鞋的厚度一般是多少？
（2）平底鞋的鞋底对衬垫的分布有何要求？
（3）为了避免穿鞋者产生脚部健康问题，鞋跟厚度是多少？
（4）鞋头形状对设计折叠鞋具有什么重要之处？

3. 设计方案

（1）基于上述要考虑的问题，画出鞋子样品设计草图，初步确定制作材料。
（2）规划项目，制订计划。
（3）教师提供指导，确定分配在头脑风暴和研究问题上的时间。

4. 实施方案

（1）为学生安排大约60min来制作鞋底。鞋底由切割成脚型的泡沫芯板制成，并覆盖一层薄橡胶板以便于抓地。在泡沫板上制作折痕以对应于脚、脚趾和足弓关节，使鞋底具有高跟鞋鞋底的形状。

（2）学生制作可拆卸或可伸缩的鞋跟。鞋跟可由木销钉制而成并且用铰链连接，使得它能在鞋底下面摆动，并且在不使用时能够嵌入橡胶底座中的狭缝中。制作时间为 30~90min。伸缩鞋跟制作简易，用时较少；拆卸鞋跟制作复杂，用时较长。

（3）使用金属片制作高跟鞋模具。使用魔术贴和热胶将鞋跟固定在柔软的鞋底上，使其可拆卸。该步骤需要 30min 左右。

5. 测试方案

（1）完善样品结构。安排至少 2h 让学生们完成鞋子制作（或更长时间，这取决于设计的复杂性）。在这个阶段，让学生使用热熔胶或缝纫技术将织物黏附于鞋底，构造鞋底的上部。

（2）完善鞋子固定部分结构。学生需要为鞋子设计紧固系统，可以使用鞋带、魔术贴或搭扣。使用这些东西装饰鞋子，使其成为独一无二的作品。

（3）进行功能检查。

（4）图 1-13-1、图 1-13-2 为学生设计的鞋子预想图。

图 1-13-1　效果图——折叠高跟鞋　　　　图 1-13-2　学生设计图——可拆卸式高跟鞋

6. 改进方案

（1）工程师一般要多次改进设计以制成最终产品。如果时间有限，学生可以描述若有足够制作时间会对样品哪些不满意的地方做出改进？如果时间允许，学生可以重新设计并优化鞋子的某些方面。

（2）如果必要，可以在课下重复设计流程，选择更加优化的设计方案，制作样品。

7. 展示成果

（1）学生编写一个 30s 的广告脚本，突出鞋子的技术特征和客户利益。在班级中展示拍摄的视频广告。

（2）指导学生对实现功能的样品做出受力分析图表，加强对其功能的认识。

（3）每个团队制作受力分析图表，其中应包括计算鞋跟在不同形态下承受的压强和压力。

8. 反思与评价

（1）组织学生开展评价活动。

（2）以小组为单位对每组鞋子样品开展评价活动。让每组成员解释各自鞋子的独特特征，以及切换模式的工作机制。

（3）如果有更多制作时间，你会对鞋子样品做出哪些改进？

五、活动评价

（1）反思你的小组做实验的过程，完成"任务反思表"（参见附录A）。

（2）反思你和小组成员在此次任务中的行为表现，完成"合作评价量表"（参见附录B）。

课例 14　社区智能交通信号灯的设计

一、引言

红绿灯在生活中几乎可以天天见。这组交通信号灯保障了车辆的正常行驶和行人的安全。一般信号灯的变换时长是固定的，根据车流量的情况预选设定好。很多交通信号灯还有时间提示。但是有些地方，例如，有学校坐落的社区，在上学、放学的高峰期车流量会陡然增加，固定时长的交通信号灯往往会造成很长时间的交通堵塞。这个时候，如果能智能地调节交通信号灯的变换时间，增加某个方向绿灯时间以保证车辆通行，就可以缓解交通压力。

本课例设计一款智能的交通信号灯，可以在设定的时段智能调节交通信号灯的变换时间，以适应高峰段的车流量。首先，学生在高峰时间观察社区的车流量情况，记录下关键信息：高峰时间段、高峰车流量。其次，学生利用观测数据和数学软件 Mathematica 建立模型，模拟社区的交通情况并优化计算的交通信号灯的切换时间，使东西、南北两个方向信号灯的切换时间不一样，保证整体通过时间最短。最后，搭建社区路口微缩模型和智能交通灯模型。利用板材和光刻技术搭建社区路口实物模型，同时利用 Arduino 软件、电路板和发光二极管设计电路，制作智能交通灯模型，演示交通信号灯在路口的使用情况。

二、任务挑战

设计智能交通灯和控制系统，可以根据车流量来调节信号灯时长，优化通行时间。

三、活动准备

（一）材料用具

- 计算机
- 胶纸
- Arduino UNO 控制器 1 块
- RGB Backlight　1 块
- 计时器
- Arduino 软件
- 发光二极管（4 个以上）
- USB 数据线　1 条
- 木板（厚度 1~2mm）
- Mathematica 软件
- 单片机面包板　1 块
- 激光切割机

（二）安全事项

（1）观察交通情况时，站立于人行道，注意周围安全。
（2）在电路实验中听从教师指令，注意安全。

（三）知识回顾

Mathematica 是一款科学计算软件，能与其他应用程序连接，很好地结合了数值和符号计算引擎、图形系统、编程语言、文本系统。它的编程语言简洁，数值计算能力强大，作图、动画演示功能等可视化工具适合中学生使用。

Arduino 是一款便捷灵活、方便上手的开源电子原型平台。Arduino 能控制二极管按照编程时间变换发光，而且 Arduino 也能通过各种各样的传感器来感知环境，得到反馈，可以进一步增强交通灯控制系统的智能化程度。

（四）热身活动

1. Mathematica 软件的学习

（1）熟悉二维绘图指令和动画指令，使用 Plot 命令或者 Animate 产生连续变化的动态函数和图形。

（2）熟悉求函数极值的方法，帮助计算通行时间的最小值。

2. Arduino 软件的学习

Arduino 主要包含两部分：硬件部分是用于电路连接的 Arduino 电路板；软件部分则是 Arduino IDE，这是计算机中的程序开发环境。在本活动中，我们主要学习软件部分。有了数学建模过程后，交通灯的 Arduino 程序可以简单化。

四、活动过程

（一）明确任务

设计一个能够安装在学校社区路口的交通红绿灯模型，要求它在交通高峰期考虑到某个方向车流量陡然增加的情况，调整交通灯的切换时间，优化总体通行时长。

（二）任务分析

根据所提供的这些案例，对所要设计的项目进行拆解。

第一步：如何获得交通流量数据。

第二步：如何确定研究对象，选择需要优化的交通灯信号。

第三步：如何控制交通灯。

第四步：如何建立数学模型研究。

第五步：如何演示交通灯信号变换情况。

第六步：如果增加黄灯信号，应如何改进方案。

明确上述几方面如何实现后，在所提供的材料中选择你想要用的材料，自行设计电路并组装完成。

（三）设计方案

（1）调查平常时段和高峰时段路口的交通流量情况；记录东西、南北方向的通行时长，记录车流量。

（2）利用数学知识建立模型，讨论通行总时长与车流量、绿灯时长的关系，建立函数关系。

（3）利用数学软件调节参数，得到优化值。在设计交通灯系统时，考虑以下两个因素：如何表示通行总时长，如何优化时长。

（4）教师指导学生修改所设计的项目以符合项目的标准和期望。

（5）准备电学元件，用 Arduino 软件、电路板和发光二极管完成电路实验，模拟交通灯指挥通行情况。

（6）教师指导学生改进所设计的实验电路。

（7）项目展示。为了体现项目的完整性，展示环节中增加"功能最佳"的评选。

（四）实施方案

1. 调查交通情况

调查研究目标的交通情况，记录东西、南北方向的车流量信息和绿灯通行时间，完成表 1-14-1。

表 1-14-1 调查研究目标的基本情况

	平常时段车流量	高峰时段车流量	绿灯时长	红灯时长
东西方向				
南北方向				

2. 使用 Mathematica 软件建立数学模型

在计算机上安装 Mathematica 软件，建立新文件。输入记录的参数，编写程序，写出总体通行时长与车流量、绿灯时长的函数关系式。在软件中输入函数的参数，并且利用作图调整参数，从图像的极值中求解函数的最短时间，确定高峰期调整后的信号灯切换时长。

3. 使用 Arduino 软件和电路元件演示交通灯智能控制系统

对于此项目，需要在设计中使用至少 4 个 LED 灯模拟两个方向的红灯和绿灯。利用相关知识设计电路，并使用电路实验板进行实际电路模拟，要控制这些 LED 灯，需要创建电路。为了构建自己的电路，需要使用电路实验板。

（1）在主控板系列中选择控制器 nano 转 UNO 拖动到编辑区。在电子元件系列中，选择限流电阻拖动到编辑区，选择"红灯低电平点亮"拖动到编辑区。

（2）在编辑区开始用导线连接各个硬件，我们需要把智能交通灯和主控板连接起来。鼠标放到指示灯模块的端口上，界面会给出提示线条，根据软件界面提示线条任意连接即可。

（3）编写程序，在弹出的右侧窗口中，选择"初始化"或者"反复执行"。当对应的事件发生时，系统就会执行事件框里边的程序指令，选择"反复执行"，拖动到编辑区。添加完事件框之后，接下来就可以开始添加和编辑指令了。

（4）单击已存在指令左侧的小箭头会复制出一条相同的指令，如图 1-14-1 所示。

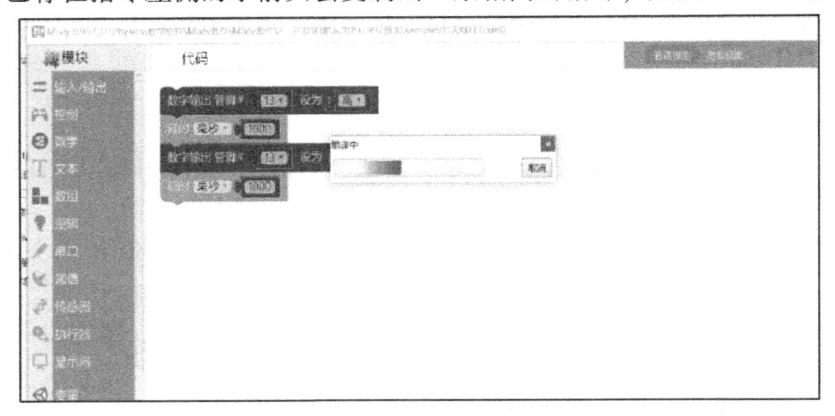

图 1-14-1 电路控制程序

（5）通过鼠标右键选中多个指令后，单击软件右侧"备份"按钮可以复制选中的指令。单击鼠标左键弹出表达式编辑器，选择红灯点亮；单击鼠标左键弹出表达式编辑器，选择延时器，用鼠标左键选中，输入优化后的实际时间。单击"确定"按钮，保存设置。然后输出仿真效果，在搭建的智能信号灯上控制红灯、绿灯闪烁，并在液晶显示屏上显示持续时间，如图 1-14-2 所示。

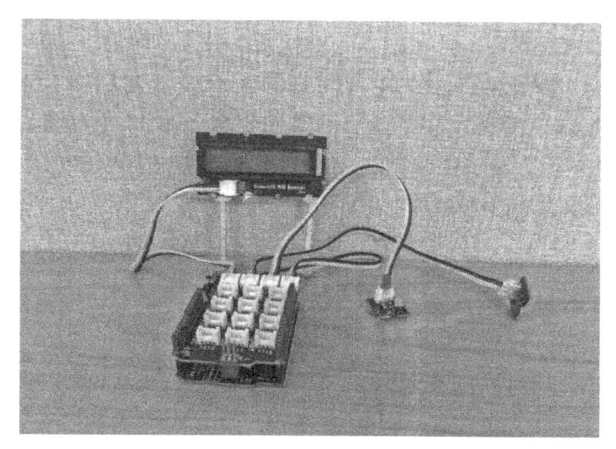

图 1-14-2　智能优化信号灯模型

（6）编辑好程序之后，就可以搭建了硬件。控制交通灯开始闪烁，检测亮灯时长。

4. 搭建社区模型，放置信号灯

利用木板、胶纸搭建模型，直观显示社区路口的道路情况，如图 1-14-3 所示。在十字路口四个方位标识出建筑物的构成，并且画出交通导流线和人行横道，设置周围车位。将智能交通灯放置在路口，结合实物模型演示指挥交通的情况。

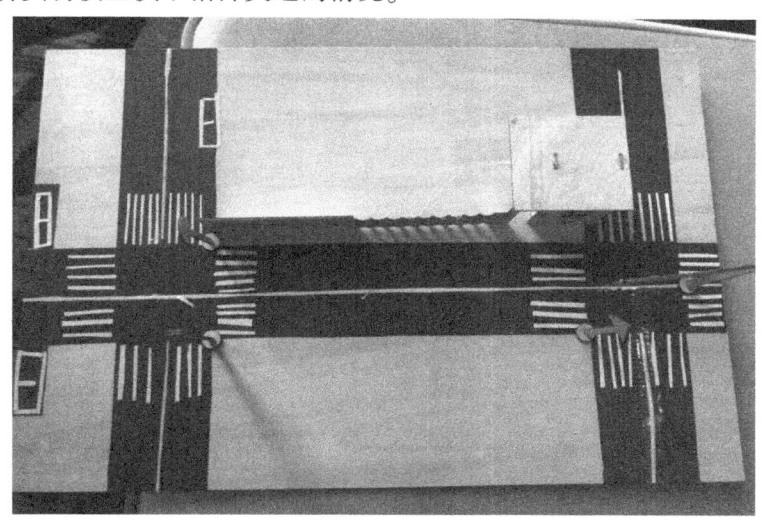

图 1-14-3　社区路口实物模型

（五）测试方案

（1）在开始测试前，将电线连接到 Arduino 软件的微控制器接口旁边的小接头上，使交通灯闪烁，从而确保单片机正确连接到计算机上。检查电路板上的交通灯闪烁情况确保连接良好。

（2）模型完成后，检测 4 个 LED 灯的亮灯时间，是否和预设的高峰期控制系统一致。

（六）改进方案

（1）提出挑战任务：如果增加黄灯，如何使交通灯闪烁，并引导学生完成该项设计。

（2）如果在电路中增加传感器元件，实时获得车流量的信息，如何调整交通信号灯的控制系统，优化通行时间。

（七）展示交流

以小组为单位展示实物模型和智能交通灯模型。在展示的过程中说明实际的交通情况，展示交通灯的对比情况：首先展示原来交通灯的工作情况；其次说明交通拥堵方向，调节参数，展示智能交通信号灯和使用情况。在展示过程中，需要说明建模依据，控制系统原理和电路实验原理，并且展示改进后的预设交通情况。

（八）反思与评价

（1）小组成员总结使用 Mathematica 软件和 Arduino 软件的心得与体会，以及设计电路时的注意事项，与大家分享。

（2）总结使用智能交通灯对社区交通的改善情况。

五、活动评价

（1）反思你的小组做实验的过程，完成"任务反思表"（参见附录 A）。

（2）反思你和小组成员在此次任务中的行为表现，完成"合作评价量表"（参见附录 B）。

课例 15　妙用简单机械

一、引言

斜面、锲、螺丝钉、杠杆、轮轴及滑轮，是构成简单机械的六种基本元素。目前，有一款利用简单机械所设计完成的"rube-goldberg machines"联动系统，只须触发开关，它就可以完成一系列的动作，如图 1-15-1 所示。

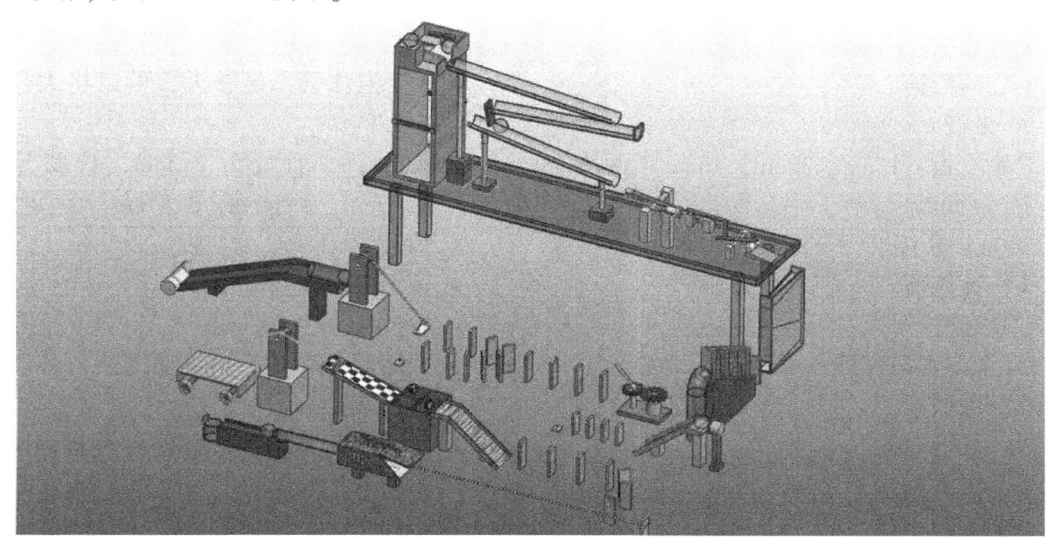

图 1-15-1　联动系统——"rube-goldberg machines"

本课例的实践活动有点像机械工程师的工作——利用简单机械中的六种元素创造出各种各样的机械来完成联动系统，例如，汽车转向、自行车齿轮的操纵杆等，以解决人们在生产生活中遇到的问题。需要分析所领取的任务、绘制系统草图、应用简单机械的六种元素组建出一个联动机械系统去完成所给任务。任务可以分为多个步骤，并将简单机械的六大基本元素组合，最后使联动系统独立运行。要求：只允许触摸系统开关来启动所制造的联动系统，其余的必须由机械和其他相关材料配合完成。

同时，为使任务更清晰，也可以在计算机上搜索关键词"rube-goldberg machines"，将会看到很多用简单机械制作的联动系统。仔细观察它们的结构和联动方式，对完成挑战任务有很大的帮助。

二、任务挑战

利用简单机械和相关的材料组建一个可以完成指定任务的联动系统。

三、活动准备

（一）材料用具

- 胶合板底座（1.2m×1.2m）
- 400件/套建筑玩具，包括用于开放式建筑的砖、杆和连接器
- 20个纸盘
- 1袋金鱼饲料
- 1卷细线
- 1卷导线
- 1袋薄荷糖
- 20张纸
- 6块木板：15cm，30cm，46cm 各两块
- 1.2m 角线
- 590mL 苏打水
- 4个捕鼠器
- 1盒牙签
- 20个多米诺骨牌
- 6个磁铁
- 20个试管刷
- 1个定滑轮
- 1个玩具车
- 20个纸杯
- 2枚螺丝钉
- 2个小销子
- 20个橡皮筋
- 10个气球
- 5个弹珠
- 木楔
- 2个泡沫管，足够大，可以将大理石固定在内
- 暗销件，直径为2.5cm，长度分别为1.27cm，2.54cm，3.81cm，各两个
- 剪刀
- 锤子和一盒钉子
- 打气筒和一盒排钉
- 热熔胶枪和7根热熔胶棒
- 评价表格
- 具有互联网和投影仪的计算机，用于显示短视频和PPT
- 刻刀

（二）安全事项

（1）未经教师同意不得使用实验室的任何器材。

（2）剪刀用完后要放到桌子上，不能拿在手里比划。传递剪刀时，要递给别人剪刀柄。

（3）使用刻刀时，要打开"安全锁"，刻刀用完后，要及时收回刀片，并"锁"好刀片。

（4）热熔胶枪使用前，应检查电源接插座是否接触良好。热熔胶枪在首次使用时，电热元件会轻微发烟，这是正常情况，10min后会自然消失。接通电源后，不可长时间处在备用状态（不可超过20min），当暂停使用时，先把电源插头拔出，避免在极高温或极低温环境下使用。不宜在冷风直吹下进行工作，否则会降低效率及损耗电源。当连续使用热熔胶枪时，不可用力加压扳机，企图把未能及时完全融化的熔胶挤出，否则会导致严重损坏。热熔胶枪不适用于黏合沉重的物件或需要强力黏性的物件。使用物件的材料，将直接影响热熔胶枪的功能和工作物件的质量。

（三）知识回顾

识别如图1-15-2所示的简单机械，并描述它们如何工作。

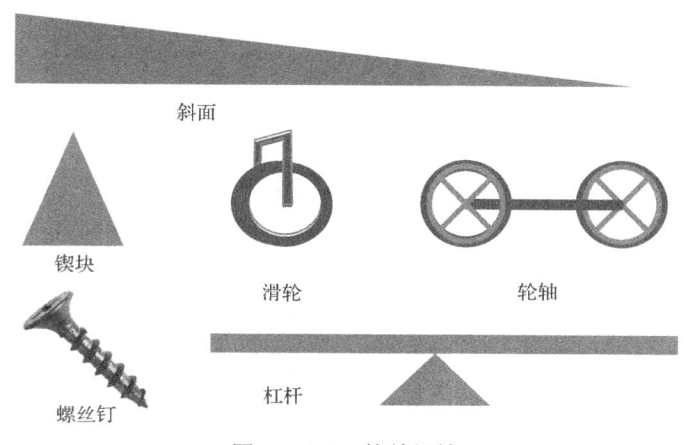

图 1-15-2　简单机械

杠杆：_____
斜面：_____
滑轮：_____
楔块：_____
螺丝钉：_____
轮轴：_____

（四）热身活动

动手操作六种简单机械中的基本元素，熟悉它们的使用方法。

四、活动过程

（一）明确任务

根据小组内各位组员的擅长与兴趣，初步分析讨论以下三个任务中哪个任务最适合本组组员，并最终确定使用简单机械完成以下哪个任务：_____
A 把金鱼捞进碗里
B 吹气球
C 把薄荷糖放进汽水里

（二）任务分析

讨论交流以下几个问题：
（1）为了完成任务，可能需要用到哪些器材或工具？
（提示：不要忽略在即将执行的任务中需要消耗哪些材料、需要借助哪些工具。）
（2）按联动系统内各个简单机械执行操作的时间顺序，考虑在完成联动系统制造的过程中可能遇到的困难有什么？
（提示：任务的目的是什么？有哪些限制条件？哪些要求可以做到，通过什么方式做到？哪些难以达到？——列举出来。）

（三）设计方案

先讨论确定所选任务的联动系统的大致构造，明确需要哪些材料、材料与材料之间如何连接等问题。对任务进行分工，擅长绘画的同学可以选择绘制机械系统的草图，对尺寸比较敏感的同学可以挑选材料，动手能力强的同学可以准备工具，等等。

（提示：结构系统是产品功能实现的硬件，是实现产品功能的前提，反映了设计对象是由哪些零部件构成的，以及各个零部件之间的相互关系。每一个功能的实现都有相应的物质结构基础，它们是各种功能的结构单元。产品的结构系统与功能系统共存于产品这一共同体中，缺一不可。思考它们都发挥了哪些作用，还能通过怎样的方式相互衔接，从而形成联动系统。）

（四）实施方案

（1）在制造联动系统前，先练习六种各种简单机械的基本元素。

（2）设计好方案草图之后，考虑到某些简单机械被固定后更改不方便或会导致其他更多的地方要更改，所以不要在开始时直接固定联动系统。建议先将设计方案里涉及的所有材料摆放好，根据方案设计里的要求拨动组成联动系统的各个部件，初步观察联动系统里的各个部件能否按要求联动。如果不能，调整各个简单机械的位置，以达到最佳效果；如果可以，按照设计方案固定和安装好联动系统里涉及的所有简单机械和其他材料。

记录在制造联动系统时，使用了哪些简单机械？先后顺序是什么？各个简单机械发挥了什么作用？它们是如何启动，如何相互衔接的？

（五）测试方案

使用所制造的联动系统，明确其在完成指定任务时是否会有困难。如果有，记录下来。如果没有，阐述在前期的讨论环节中，你们所设计的方案通过哪些方式去解决或避免这些问题。

（提示：设计联动系统，既要求学生考虑机械与机械之间的连接与协作，又要求学生熟知各简单机械的具体功能、按照各机械的特性在系统中发挥作用。设计制作捞金鱼系统时，学生需要考虑如何精确捕捉金鱼、如何使用杠杆或斜面等简单机械把金鱼转移到碗里？在制作吹气球系统时，学生需要考虑如何对抗大气压强，从而使气球膨胀，简单机械能从哪些方面使气体膨胀或撑大体积从而达到吹气球的目的？在制作"将薄荷糖放入汽水中"的系统时需要思考：如何"捕捉"小而滑的薄荷糖并将其放入汽水中，或者考虑如何用简单机械拆掉汽水的外包装，并将其倒入装有薄荷糖的容器中。）

（六）改进方案

所制造的联动系统的测试效果是否符合预期？如果不符合，需要如何改进？

该联动系统必须实现基本功能，其余功能可按照它对系统整体效果的贡献进行优化处理，直至功能简捷、系统完整为止。在这个过程中，联动系统的各个功能就已经按照逻辑关系进行了组织。

同时，在确保联动系统能够完成任务的前提下，要注意其结构是否结实，形状是否美观，色彩搭配是否和谐。我们不但要制造一个满足特定功能的联动系统，还要改进系统使其结构更加牢固耐用、外形更加美观！

（七）展示交流

展示内容需要注意两点：一是联动系统的原理及使用介绍；二是活动体验与收获。

联动系统原理：介绍产品的结构组成，各种功能结构单元的运作方式及相关的学科知识。

联动系统使用：介绍产品的具体使用方法及操作步骤，并提示安全注意事项，发生意外的相关操作。

活动体验与收获：在整个任务中遇到最大的困难是什么，如何克服这些困难。如果功能不受限制，可能会对现有的联动系统做出哪些优化和改变。在制作联动系统的过程中有哪些启发和收获。

（八）反思与评价

（1）经历了练习使用简单机械、设计联动系统和使用联动系统完成自己所选择的任务时，你觉得哪个环节最有趣。如果其他同学要完成这个任务，你有什么经验或建议要与他们分享。

（2）完成整个任务后，你对组员的表现做何评价。选择合适的方式与伙伴交流，共同进步。

（3）邀请组员评价自己在整个过程中的表现。与组员共同发现自身的优点及有待改进的地方，让自己每次合作都有收获和进步。

（4）撰写书面分析报告，进行设计反思。

五、活动评价

（1）反思你的小组做实验的过程，完成"任务反思表"（参见附录A）。

（2）反思你和小组成员在此次任务中的行为表现，完成"合作评价量表"（参见附录B）。

课例16 多彩喷泉

一、引言

在很多广场上我们都见过带有音乐和彩灯照射的喷泉，随着音乐的节奏和灯光的变化，白色的水流变得婀娜多姿、色彩斑斓。然而，在化学实验室里，不需要灯光，用小小的烧瓶中，也可以看到多彩的喷泉，并且颜色可以魔幻般地变化。

你已经想到了——酚酞可以使碱性溶液变成红色，淀粉遇碘会变成蓝色……

有颜色的溶液或化学反应，是我们实现"多彩喷泉"的秘密。那么，"喷"环节又要如何实现呢？在实验室里，若烧瓶内外压强不等，与烧瓶连接的导管中的液体就会"喷"出或"吸"进，即正压喷泉或负压喷泉。

如何使烧瓶内外压强不相等呢？这个挑战可不单单是制作多彩喷泉，我们还要使用现代的科技设备测量喷泉喷射时烧瓶内部的压强变化。

二、任务挑战

制作多彩喷泉并用压力传感器观测相应的压力变化。

三、活动准备

(一) 材料用具

➢ 试剂：金属钠、CO_2、NaOH 稀溶液、氨水（25%～28%）、碱石灰、双氧水（30%）、KIO_3、$MnSO_4$、酚酞试液、丙二酸、淀粉。

➢ 仪器：气体压力传感器、计算机及 Logger Pro 3.8.6 软件、数据采集器、广口瓶、软塑料瓶（容积比三口烧瓶稍小）、橡胶塞、玻璃管、直形活塞、止水夹、钢针、火柴、铁架台、万用夹、烧杯（250mL）、抽滤瓶（500mL）、两口烧瓶（250mL）、三口烧瓶（250mL）、热毛巾、三脚架、石棉网、U 形管、球型分液漏斗、酒精灯、导气管若干、橡胶塞若干。

➢ SenSym SDX30A4 压力转换器

(二) 安全事项

（1）未经教师同意不得使用实验室的任何器材及药品。
（2）在使用各种工具时，应掌握正确的使用方法，避免受伤。

(三) 知识回顾

分子极性：_____

溶解度：在一定温度下，_____叫作这种物质在这种溶剂中的溶解度。物质的溶解度属于_____性质。

要形成喷泉，则必有 $p_{瓶内}+p_{水柱}$ _____ $p_{瓶外}$，即瓶内外压强差 Δp _____ $p_{水柱}$。而要使喷泉现象明显，需使 Δp 足够大。增大 Δp 的途径有两种：增大瓶外压强（正压喷泉）或者减小瓶内压强（负压喷泉）。

氢氧化钠与二氧化碳的化学反应方程式：_____

金属钠与水的化学反应方程式：_____

氨气溶于水，能使含有酚酞的溶液变成_____色。

将 H_2O_2、丙二酸、$MnSO_4$ 和淀粉的 A 溶液与 H_2SO_4 酸化 KIO_3 的 B 溶液混合。此时，溶液颜色在蓝色、琥珀色、无色三者间反复变化，主要化学反应如下：

$2KIO_3+5H_2O_2+H_2SO_4 \xrightarrow{Mn^{2+}}$ _____

$I_2+K_2SO_4+5H_2O_2 \longrightarrow$ _____

反应过程中呈现的颜色：

①蓝色为游离碘 I_2 和碘离子 I^- 结合生成_____，遇淀粉变蓝。

②无色为 I_2 与 $CH_2(COOH)_2$ 作用生成 $ICH(COOH)_2$。

③琥珀色为 Mn^{3+} 与 Mn^{2+} 共存时的颜色。

（四）热身活动

练习使用压力传感器，测量绝对压力。

四、活动过程

（一）明确任务

喷泉实验是中学化学的一个经典实验，集化学、物理、数学知识于一体，具有操作简单、现象明显的优点，且引发喷泉的物质可有多种选择（如 NH_3 和水、HCl 和水、CO_2 和 $NaOH$ 等），现象丰富多彩。

1. 喷泉实验的原理

在实验时，烧瓶里面和外面的大气形成压强差，导致瓶中的液体被大气压压进烧瓶之中。在学习过程中，我们对喷泉实验原理的认知不应仅仅局限于表面现象（如喷泉水柱的高低、橡胶管变扁、矿泉水瓶变瘪），而是要通过现代技术设备定量地观测反应中压强的变化。而要使喷泉现象明显，需使瓶内外压强差足够大，而增大瓶内外压强差的途径有两种：增大瓶外压强（正压喷泉）或者减小瓶内压强（负压喷泉）。

2. 正压喷泉

氢氧化钠溶液能吸收二氧化碳气体，使软塑料瓶里的氢氧化钠稀溶液被吸入三口烧瓶中；三口烧瓶内的金属钠能跟水反应，放出氢气，造成正压，流入三口烧瓶内的氢氧化钠稀溶液又被压回软塑料瓶中。

3. 负压喷泉

通过将三口烧瓶中的氨气溶于水（在常温下，1 体积水大约可溶解 700 体积的氨气），使三口烧瓶内的气体压强迅速减小，小于外界大气压，从而将抽滤瓶和烧杯中的溶液分别泵入三口烧瓶和磨口圆底烧瓶中。

根据所提供的材料用具确定制作一个有颜色的喷泉。

(二) 任务分析

在上一步中,我们已经讨论出要制作一个有颜色的喷泉,那么,制作这个喷泉需要用到哪些材料用具?制作出来的喷泉是正压喷泉还是负压喷泉?我们制作喷泉不单单是欣赏过程之美,还要用压力传感器定量地测量因喷泉引发的压力变化,我们需要在哪里安装压力传感器?在安装仪器的时候需要注意哪些事项?

(三) 设计方案

根据选择的材料用具设计出简单的化学反应装置图和压力传感器的安装图,并写出实验操作方案。

(四) 实施方案

根据设计图和实验流程图制作多彩小喷泉。

如果想要生成正压喷泉,把相关的材料用具安装固定好之后。首先要检查装置的气密性,确认气密性完好后,在三口烧瓶内用排气法收集满一瓶二氧化碳气体,在软塑料瓶内装满一瓶NaOH稀溶液。取一小块金属钠,用滤纸吸干煤油,扎在橡胶塞上的钢针上。再按图1-16-1所示组装仪器,接上气体压力传感器、二氧化碳传感器。

注意:此时活塞和止水夹应处于关闭状态。

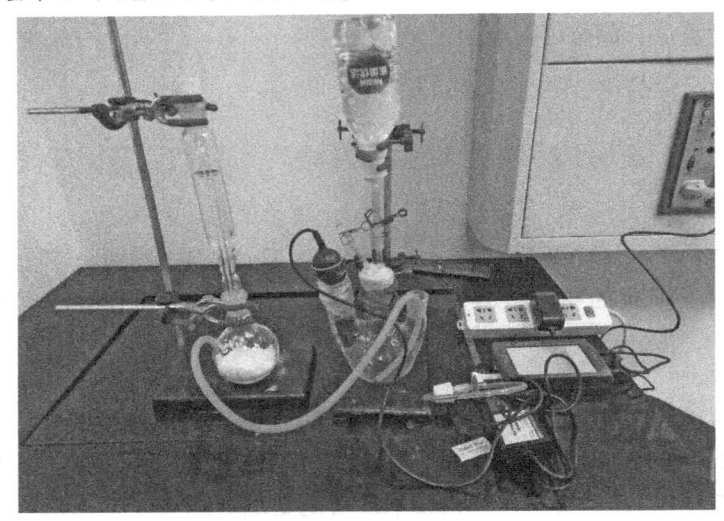

图1-16-1 多彩小喷泉装置

打开活塞开关,轻轻挤压软塑料瓶后立即放手,由于氢氧化钠溶液能吸收二氧化碳气体,造成负压,上方塑料瓶内的液体立即被吸入三口烧瓶中,同时软塑料瓶逐渐收缩而瘪进去,如图1-16-2所示,下方三口烧瓶内部二氧化碳浓度下降,并观察平板上显示的压强变化情况。

当广口瓶内液体上升到与钢针上的钠接触时(如不能接触,可用手轻轻摇动装置),金属钠脱离钢针立即与水发生激烈的反应,并产生大量的氢气,三口烧瓶内的压强增大,三口烧瓶内的液体又被压入上面的塑料瓶中,变瘪的软塑料瓶逐渐复原,如图1-16-3所示。同时可以看到,钠熔化成银白色的小球浮在水面上四处游动,直至完全消失。反应完后,集气瓶中收集有一定量的气体。

待钠与水的反应完成后,打开止水夹,轻轻挤压软塑料瓶调节气体流速,同时点燃从导管尖

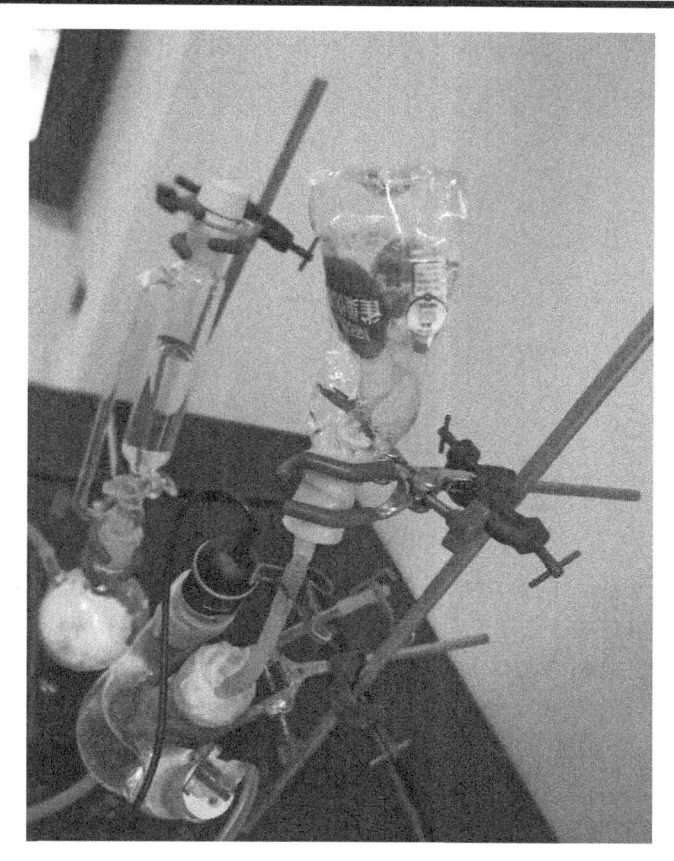

图 1-16-2 软塑料瓶收缩

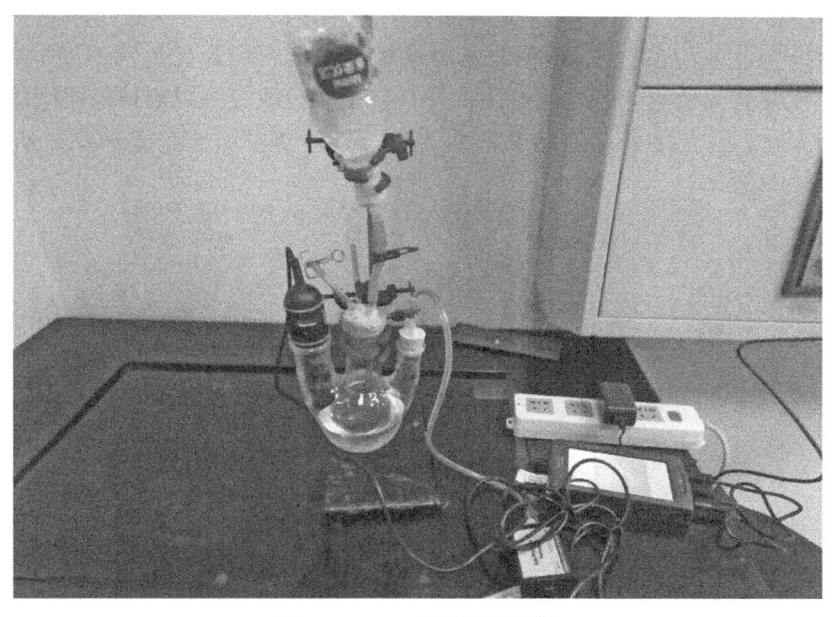

图 1-16-3 软塑料瓶更厚

嘴口逸出的气体,可以看到气体安静地燃烧,拉出长长的火焰,塑料瓶中的水又逐渐下降到三口烧瓶中,观察三口烧瓶内部压强。

如果想产生一个负压喷泉，我们可以按图1-16-4所示组装好实验装置，并检查装置气密性。

图1-16-4 负压喷泉装置

向抽滤瓶中加入约400mL的蒸馏水并滴加5~6滴酚酞试液，关闭止水夹；将250mL A、B两种溶液分别加入两个烧杯中。

点燃酒精灯，加热装有氨水与碱石灰的锥形瓶，约30s后，将导气管由三口烧瓶的右口伸入烧瓶底部并用棉花团封口，将氨气经U形干燥管中的碱石灰干燥后通入三口烧瓶，在三口烧瓶的左口处用湿润的pH试纸检验氨气是否充满烧瓶。待pH试纸变蓝后，移出导气管，将两口烧瓶下口用带导管橡胶塞塞紧。

接着用热毛巾加热两口烧瓶，同时打开止水夹，引发喷泉。

最后，我们可以看到两口烧瓶中出现红色喷泉，最终红色的液体基本充满两口烧瓶。两烧杯中的A液和B液同时被吸入三口烧瓶，大约能充满圆底蒸馏烧瓶体积的四分之三，圆底烧瓶中的溶液开始时完全无色，约2~3s后颜色改变为琥珀色，然后变为无色（短暂），又迅速变为蓝色。溶液的颜色就在琥珀色与蓝色之间振荡，并且这些颜色改变都以规律的时间间隔发生，维持着一个恒定周期变化，该化学振荡大约能持续2min左右，如图1-16-5所示。观察两个气体压强传感器显示的压强变化。

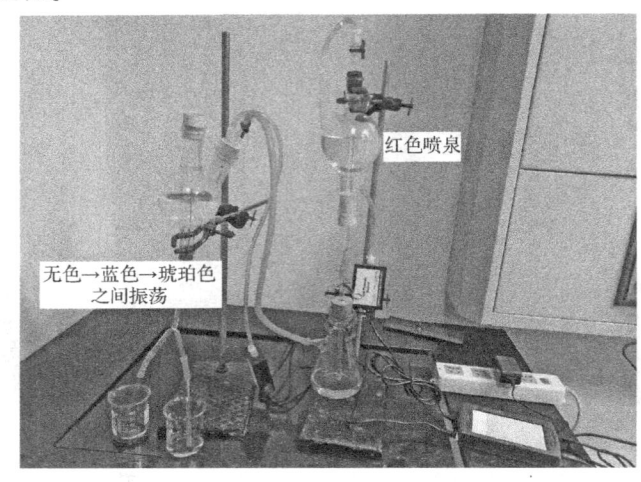

图1-16-5 引发喷泉

（五）测试方案

将实验过程中发生的现象和观测到压强变化的数据记录下来。

（1）正压喷泉实验过程中发生的现象：_____

（2）正压喷泉实验过程中压强的变化情况：_____

（3）负压喷泉实验过程中发生的现象：_____

（4）负压喷泉实验过程中压强的变化情况：_____

（六）改进方案

你的实验方案在实施的过程中是否遇到困难？需要如何改进？引发的喷泉效果是否满意？如何能使喷泉喷发时更具美感？

（七）展示交流

将你的实验成果展示给同学们，并与同学们交流经验，完成任务反思表和合作评价量表。

（八）反思与评价

经历了制作多彩小喷泉的实验过程，在整个实验中哪个环节最让你满意？看到喷泉喷出的时候，你的内心有什么感觉？整个实验过程中，你觉得自己哪些方面可以做得更好？用文字记录下自己的感受和体会。

五、活动评价

1. 反思你的小组做实验的过程，完成"任务反思表"（参见附录 A）。
2. 反思你和小组成员在此次任务中的行为表现，完成"合作评价量表"（参见附录 B）。

◎ 第二部分

教学参考

课例 1 玩转迷你高尔夫

一、活动概述

高尔夫球是一种学生很感兴趣的高雅运动。自己设计、制作一个迷你高尔夫推杆（球杆）球洞并进行高尔夫球比赛，是一项充满乐趣且富有挑战的工程。制作一个 2m×4m 迷你推杆球洞框架，利用 GeoGebra 软件，设计迷你高尔夫推杆球洞案例，使用真实的推杆和高尔夫球在框架中进行实验。最后，将计算结果与实测结果进行比较，了解迷你高尔夫球运动中的碰撞规律。

为了测出这些球洞的位置，学生首先要知道入射角和反射角之间的关系，运用该关系计算出与这些球洞位置相关的入射角度。学生自主设计高尔夫球的运动路径，以实现高尔夫球能够实现 1 次碰撞偏转入洞、2 次碰撞偏转入洞和 3 次碰撞偏转入洞。运用 GeoGebra 软件来设计球洞位置及高尔夫球运动路径，再使用木料和钢角接头建造 2m×4m 的球洞框架。在此活动中，学生运用设计思维，整合几何、物理等学科知识，利用信息技术和切割、钻孔等实用技能，检测、改进设计，能够成功地完成一项工程实践活动。

二、教学目标

通过完成本课例的实践活动，学生应达到以下三个维度的要求，如表 2-1-1 所示。

表 2-1-1 教学目标

实践任务：设计和制作一个迷你高尔夫推杆球洞。		
活动结束后，学生能够：		
(1) 应用 GeoGebra 软件绘制预想的高尔夫球运动路径；		
(2) 运用几何知识求解高尔夫球的反射角度；		
(3) 应用几何知识和碰撞规律，设计、建造迷你高尔夫推杆球洞，并检测、改进设计，实现工程的迭代；		
(4) 解决高尔夫球的碰撞、偏转、入洞问题		
科学与工程实践	学科核心概念	跨学科概念
开发和使用模型	1. 入射角：入射线和过入射点与入射面垂直的法线之间的夹角 2. 反射角：反射线和过入射点与入射面垂直的法线之间的夹角 3. 碰撞：在物理学中表现为两粒子或物体间极短的相互作用	结构与功能

三、教学过程

如表 2-1-2 所示，本课例实践活动建议用 4 课时（共 160min）完成，可视实际教学情况灵活调整。

表 2-1-2 教学过程

课时	教学环节	教师活动	学生活动
1	回顾概念，明确任务	1. 以开放式互动开始教学，回顾角度与反射等相关几何知识。让学生提出问题，再让他们与邻近同学或以小组为单位讨论。 此项活动在于让学生掌握入射、入射角、入射点、反射、反射角，以及反射角等于入射角等重要的概念和规律，熟练使用量角器。（必要时，通过几个例子来解释这些概念和规律） 2. 使用 GeoGebra 软件向学生展示示例，指导学生使用该软件来解决实际或预设问题，而不仅是在纸上画图计算。 3. 复习几何知识，并学会使用量角器。设计迷你高尔夫球推杆球洞框架并使用 GeoGebra 软件设计图纸	使用 GeoGebra 软件解决问题，代替在纸上计算。 参考示例进行球洞设计，学会使用 GeoGebra 软件
	分析任务	1. 提前准备一套供学生使用的微型推杆球洞（1~3个球洞）。 2. 向学生说明所要设计的框架需具备哪些功能。 3. 拆解任务，分步实施。 （1）有哪些常见的几何形状，其对角线有何意义？ （2）如何用量角器测量实际生活中的角度？ （3）在所提供的框架中，如何解决高尔夫球的一杆进洞问题？ （4）如何解决高尔夫球的1次碰撞偏转入洞问题？ （5）如何解决高尔夫球的2次碰撞偏转入洞问题？ （6）如何解决高尔夫球的3次碰撞偏转入洞问题？ 4. 实现这些功能，需要哪些材料	根据老师提供的推杆球洞示例方案，自行设计迷你高尔夫推杆球洞方案
	提出方案	1. GeoGebra 软件的使用演示。 2. 利用矩形对角线的知识解决问题。 3. 为了实现高尔夫球的1、2、3次碰撞偏转入洞问题，需要用到角度计算方法。 4. 利用量角器实现角度的测量问题。 5. 利用所给材料设计框架	小组创建自己的推杆球洞问题解决方案，与全班分享
	选择方案	1. 在教室黑板上列出要求，发放推杆工作表。 2. 指导学生考虑实际情况，确定将何种真实情景纳入自己组内设计的推杆球洞中，例如，丘陵、凸起、岛屿、沙坑、斜角墙等。要求球从墙上弹起，再进入其中一个洞。 3. 指导学生修改所设计的项目以符合标准文件和期望。 4.（可选）为了体现项目的竞争性，在项目要求中添加"竞争标准"一节，以便明确"同类最佳"的期望。例如，成功的设计可能基于诸如创造性、几何概念的使用、美学、准确性等标准	在空白纸上，小组集体讨论一些可能的设计方案（至少要确保在所提供的推杆工作表上的设计方案，由两个组构建。这样绘制的球洞设计可以用来相互测试，并对照工作表上的答案）。 在老师提供的球洞设计示例中选择一个，或者自己设计。设计方案要考虑实际操作时的需求，不要使设计复杂化

续表

课时	教学环节	教师活动	学生活动
2	实施方案	1. 给学生提供建筑材料,以建造迷你高尔夫球推杆球洞框架。 2. 老师根据各组需求帮助学生进行切割和钻孔	设计完成后,制作高尔夫球经过1、2、3次偏转完成一杆入洞(球会在周围墙壁反射一次、两次或三次)的框架
2	测试方案	指导学生通过球运动的反射规律来解决高尔夫球入洞的位置,再解出这些角度。要求他们在每个洞上完成1、2和3次偏转	在每个洞上完成1、2和3次偏转测试
3	改进方案	提出挑战任务:解决一个3次以上偏转入洞问题。并引导学生完成工程迭代	解决一个3次以上的偏转进洞问题,完成工程迭代
4	展示成果	制作完成后,让学生在迷你高尔夫球场推杆球洞框架中进行击打比赛,确定获胜小组	各小组在实际球洞上按要求进行操作,进行实际值与理论值的比较,并根据实际进行调整
4	反思与评价	指导学生探究球在墙上的碰撞规律,帮助学生完成项目分析报告	1. 探究物体碰撞规律,并解释理论值与实际值的差异,分析可能导致差异的原因。 2. 撰写书面分析报告,进行设计反思

四、STEAM 要素

(一) 科学原理

一物体对某固定物体如地面、墙的碰撞分为正碰撞和斜碰撞。理想情况下,高尔夫球与墙壁发生弹性碰撞后产生偏转,属于斜碰撞,根据动量守恒定律和能量守恒定律,反射角等于入射角。

(二) 技术难点

(1) GeoGebra(动态几何画板)是一款开源的免费软件,是结合"几何""代数"与"微积分",专为教与学设计的动态数学软件。它是由美国亚特兰大学数学教授 Markus Hohenwarter 设计的。GeoGebra 支持数十种语言,支持多平台,功能非常强大,例如,在统计方面的应用是几何画板所无法比拟的,另外,GeoGebra 还具有强大的命令和函数等功能,特别适合中小学教师及大学中的师范生使用,用于数学、物理等学科(运动学、力学、光学、电磁学)进行出题出卷、课堂教学演示、课后作业,使得教学过程更直观、生动并富有启发性,让学生印象深刻,甚至可以制作化学、地理、语文等学科的课件,其动态功能可以为学生提供探究式学习,如图 2-1-1 所示。

本活动使用 GeoGebra 软件处理迷你高尔夫球的一杆偏转入洞的几何问题,其解决方案如图 2-1-2 所示。

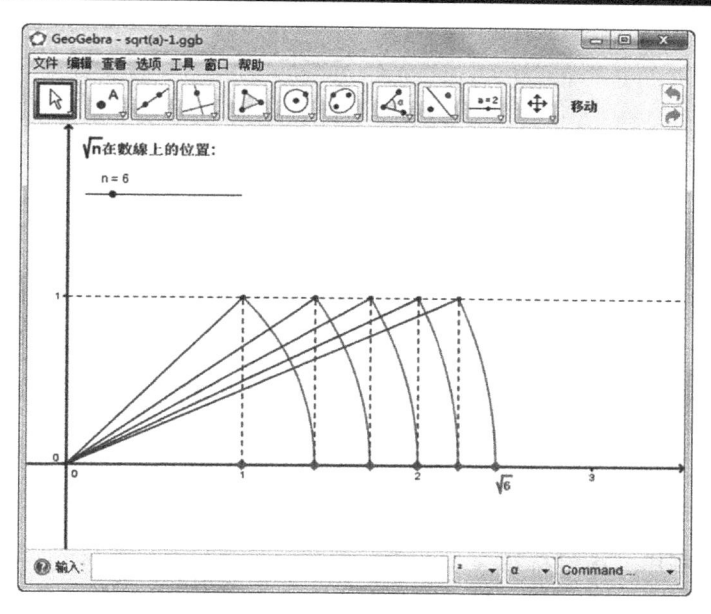

图 2-1-1 GeoGebra 软件在平面几何上的应用

（a）洞 1：1 次倾斜偏转，一杆入洞　　　　　　（b）洞 1：2 次倾斜偏转，一杆入洞

（c）洞 1：3 次倾斜偏转，一杆入洞　　　　　　（d）洞 2：1 次倾斜偏转，一杆入洞

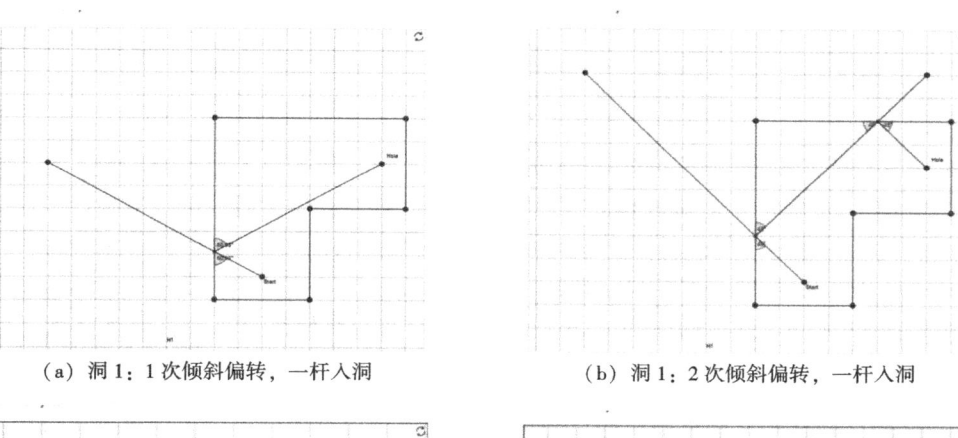

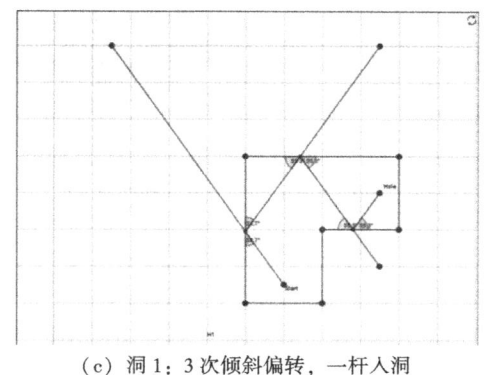

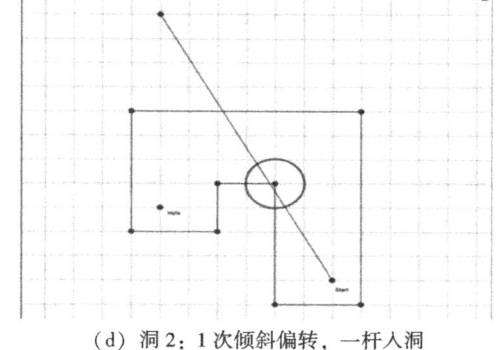

图 2-1-2 一杆入洞的解决方案

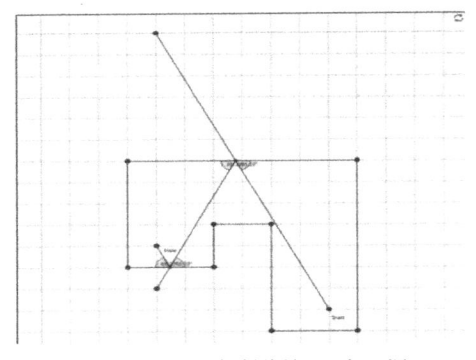

(e) 洞2：2次倾斜偏转，一杆入洞　　　　　(f) 洞2：3次倾斜偏转，一杆入洞

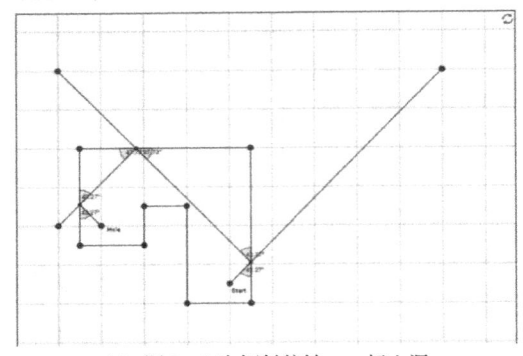

图2-1-2　一杆入洞的解决方案（续）

（2）为了简化流程，在框架设计时框架的长、宽可使用整数（如1m、2m），这样便于测量和加工，也可以充分利用木板等材料。

（3）使用木料和钢角接头，进行钻孔、切割，力求精确地形成90°和45°角。木板钻孔时要按照三个步骤进行：①画线、打样冲眼；②试钻，判断是否对中，纠正；③钻孔，排屑，加冷却润滑液，防止折断钻头。

（三）工程应用

如图2-1-3所示，厂家在生产高尔夫球时有意在球表面制造了许多小凹洞。

这些小凹洞是为了减少空气的阻力，并增加球的升力，从而让高尔夫球飞得更远。动力空气学研究的成果显示：高尔夫球手在击球时，每个球都获得一种向后的旋转力，这与这些凹痕密切相关。

高尔夫球由于表面小凹洞的存在，既减小了空气阻力，又使球受到了一个额外的升力——马格纳斯力，带来更良好的空气动力性能，使得高尔夫球可以飞得更远、更高也更准。另外，高尔夫球比赛规则也有规定，高尔夫球的形状不能被随意更改。今天的标准高尔夫球虽然品牌各异，但均采用表面凹洞型。

图2-1-3　高尔夫球表面的小凹洞

结合上面的分析，解决下面三个问题：

（1）为什么高尔夫球不会以与入射角相同的角度反弹？

在真实情况下，由于高尔夫球的旋转，使得球在和墙壁碰撞过程中存在摩擦力，木板做成的墙壁本身不是绝对的光滑平面，高尔夫球与墙壁发生碰撞的情形很复杂，是非弹性碰撞，反射角与入射角相比较会有微小偏差。

（2）为什么高尔夫球的运动路径与设计方案的路径不相同？

①木材缺陷；②高尔夫球和木材之间的碰撞是非弹性碰撞的；③模型创建时会有微小误差。

（3）在工程上需要怎样处理才能让这个高尔夫推杆球洞完美工作？

采用理想材料，木板表面尽量光滑，精确测量。

（四）数学应用

反射角等于入射角，使用量角器测量角度。

五、活动剪影

如图 2-1-4 所示为一位学生设计的迷你高尔夫球洞。

图 2-1-4　迷你高尔夫球洞

课例 2　基于 Arduino 的灯光雕塑设计

一、活动概述

"灯光雕塑"将动态的光电元素加入静态的雕塑设计中,一动一静的组合,解决了城市亮化、美化中白天景观效果与夜晚灯光效果不能兼顾的问题,让古老的雕塑艺术焕发出新时代的气息。

现今大量涌现的创客项目,以及机器人、无人机、智能家居控制、3D 打印等,都主要以 Arduino 为原型或基础来进行研发。随着科技的进步和发展,LED 对灯光雕塑的发展起到了至关重要的作用,从根本上解决了灯光与雕塑良好融合的问题。而通过 Arduino 软件中的多种传感器对外界进行感知,便可对 LED 灯的亮度进行调整,与环境真实融合。

二、教学目标

通过完成本课例的实践活动,学生应达到以下三个维度的要求,如表 2-2-1 所示。

表 2-2-1　教学目标

实践任务:基于 Arduino 软件设计制作一个灯光雕塑。 活动结束后,学生能够: (1) 应用 Arduino 软件编写程序,以使灯光雕塑发光; (2) 利用电路板,应用电学等相关知识设计电路,使 LED 灯发光; (3) 学习使用 3D 打印机,完成所设计产品的打印、制作		
科学与工程实践	学科核心概念	跨学科概念
开发和使用模型	1. 发光二极管(LED):一种能将电能转化为光能的半导体电子元件,具有单向导通性能。 2. 回路:即闭合回路,每个回路必须是闭合的才能有效	1. 物质与能量 2. 结构与功能

三、教学过程

如表 2-2-2 所示,本课例的实践活动建议通过 4 课时(共 160min)完成,可视实际教学情况灵活调整。

表 2-2-2　教学过程

课时	教学环节	教师活动	学生活动
1	回顾概念，明确任务	1. 采用互动式提问，回顾以下基本知识： ①有无见过生活中的灯光雕塑？它们具有什么特点？ ②基本电路都需要哪些必需元件？ ③如何使 LED 灯发光？LED 灯发光对电路有什么要求？ 学生自己也可提出问题，与邻近同学或以小组为单位讨论。 2. 设计一个能够安装在校园中的小型灯光雕塑。它必须既具有高效照明、帮助识别道路和根据外部环境调整照度的功能，同时也要具有一定的美感。 此项活动在于让学生掌握回路基本原理及通过 LED 灯的电流方向要求。向学生说明所要设计的灯光雕塑需具备哪些功能，明确本课例的任务和设计的要求	1. 对教师的提问进行思考，查阅相关资料。 2. 与同学们一起讨论，得出问题的答案。 3. 明确本课例的任务
	任务分析	1. 向学生说明所要设计的灯光雕塑需具备哪些功能。（通过相关教学视频及实例展示分析） 2. 拆解任务，分步实施。 （1）哪些类型的项目可以使用 LED 灯？ （2）如何使设计既实用又有创意？ （3）如果可以控制 LED 灯的颜色，可以设计哪种造型的灯光雕塑？ （4）要使 LED 灯通电，其通过的电流有什么特点？ （5）电阻器在电路中有什么作用？ （6）如果可以控制光强度，你会创造什么？或用到什么？ 3. 你想要用你所提供的材料做什么	1. 熟悉日常生活中所见到的灯光雕塑，并相互介绍。 2. 了解解决问题的方法：将问题进行拆解，以便更好地解决问题。 3. 查阅资料，列出清单，学习 LED 灯的工作原理及用途，经过讨论达成共识
	提出方案	1. 使用 Arduino 软件向学生展示电路设计示例，指导学生使用该软件来解决实际问题，而不仅是在纸上画电路图进行相关数值的计算。 2. 复习电路基本知识，利用欧姆定律等知识设计电路，在电路板上进行实验。要让学生学会识别 LED 灯的正负极。 3. 强调本次设计的要点和重点，引导学生关注设计的美感，并提示学生成功设计的注意点（诸如创造性、几何概念的使用、美学、准确性等标准）。 4. 指导学生使用 3D One（建模软件）进行雕塑的设计，并学会使用 3D 打印机	1. 学习 Arduino 软件的基本操作方法，进行初步画图。 2. 可直接在 Arduino 软件上进行灯光雕塑电路的设计。也可在纸上设计电路，再使用电路实验板进行电路模拟。 3. 识别 LED 灯的正负极及连接方式。 4. 利用 3D 打印机进行雕塑的图纸设计，考虑现实中的实际因素，提高设计的适用性
	选择方案	1. 引导学生利用预测试所发现的问题对电路板或 Arduino 软件部分进行修改。 2. 提醒学生考虑实际情况，确定将何种真实情景纳入组内设计的灯光雕塑中。 3. 指导学生修改所设计的项目以符合项目要求和期望。 4. （可选）为了体现项目的竞争性，在项目要求中添加"竞争标准"一节，以便明确"同类最佳"的期望。例如，成功的设计可能基于诸如创造性、几何概念的使用、美学、准确性等标准	1. 对设计进行预测试。 2. 根据测试结果对设计进行调整，将真实情景纳入自己的组内设计中

续表

课时	教学环节	教师活动	学生活动
2	实施方案	1. 指导学生使用 Arduino 软件并设计电路。 2. 为学生提供所需材料。 3. 根据各组需求帮助学生进行雕塑的 3D 打印、切割或钻孔。 4. 指导学生进行整体测试	1. 参考教师提供的电路示例方案，自行设计灯光雕塑的电路方案。注意：只设计可以真实构建的内容，不要使设计复杂化。 2. 设计完成后，利用 3D 打印制作灯光雕塑，并进行切割或钻孔。 3. 小组创建自己的灯光雕塑设计和问题解决方案，与全班分享
	测试方案	根据项目要求，指导学生进行故障排除，验证代码是否正常工作等来实现灯光雕塑的正常工作。（为什么要进行这一步操作？那是因为，在开始之前就进行测试、验证进度和连接，那么当遇到障碍时就不必从头进行故障排除，只需要验证代码是否正常工作即可，而不必担心主电路的布线问题）	完成测试
3	改进方案	1. 若 LED 灯的安装问题使得整个灯光雕塑的呈现不理想，则调整 LED 灯的安装。 2. 各小组在实际庭院中按要求对灯光雕塑进行固定，并对路过的行人进行调查，收集建议并对灯的布局进行调整	找出存在的关键问题，并进行原因分析。 1. 解决 LED 灯的闪烁问题，使整个设计更具艺术感和美感。 2. LED 灯的安装问题，如何调整才能使光的照射更为理想。 3. 根据对行人的调查反馈，对整个 LED 灯光雕塑进行优化设计
4	展示成果	提问：谁有一个更好的案例与班级分享？如果你有更好、更亮、更多的 LED，你能做什么	制作完成后，让学生进行实际灯光雕塑设计比赛，根据行人的选择确定获胜小组
	反思与评价	指导学生对灯光雕塑进行改进，以完成最终的设计，帮助学生完成项目分析报告。同时，强调小组成员相互配合的重要性	1. 灯光雕塑的整体布局具有一定的美感和设计感。 2. 撰写书面分析报告，对设计进行反思

四、STEAM 要素

（一）科学原理

发光二极管的核心部分是由 p 型半导体和 n 型半导体组成的晶片，在 p 型半导体和 n 型半导体之间有一个过渡层，称为 p-n 结。当电流通过导线作用于这个晶片的时候，电子就会被推向 p 区，在 p 区里电子与空穴复合，然后以光子的形式发出能量，这就是 LED 发光的原理。

因此，LED 发光实质上就是由于电子的跃迁导致的，也就是说，电子与价带上的空穴复合，复合时得到的能量以光子的形式释放。

（二）技术难点

利用电路板搭建并测试电路，需要一定的电路基础知识。同时，对 3D 打印机所打印的雕塑设计进行切割、打孔，需要一定的熟练度和操作技巧。

（三）工程应用

"灯光雕塑"不仅可以应用于城市美化、园林设计，还可以用于室内装修设计，使得居住环境更为惬意。同时，"灯光雕塑"也可以做成二维雕塑、三维雕塑，多视线角度为雕塑夜景创作提供了广阔的选择空间，在灯光照明设计中可在不同位置创造不同的视觉效果。

（四）艺术展现

"灯光雕塑"是一种新型艺术表现形式，将雕塑与灯光进行完美的结合，使现代艺术与传统艺术可以融合，极具设计感和美感。"灯光雕塑"使得艺术展现方式更为多元化，逐步成为城市名片。

（五）阅读写作

在撰写提案、报告和说明手册时，可以很好地锻炼学生的写作能力，用详细、具体的语言表达出自己的想法，借助图像等形式使表达的内容更形象和具体。

（六）社会人文

"灯光雕塑"作为一种新的公共艺术形式，逐渐成为城市美学的重要组成部分和城市的一种特殊的文化符号，可通过各具特点的灯光雕塑传递人文情怀。

五、活动剪影

学生所做成品展示，如图 2-2-1 所示。

图 2-2-1 "发光的月亮照亮了树"雕塑

课例3　产品设计中的"逆向工程"

一、活动概述

在工程学的一般概念中,产品的设计往往需要经历从设计、修改到制成产品的过程,即工程师在大脑中构思出产品的外形或轮廓,再经过详细设计,对其预设的功能进行技术参数的数据模型匹配,最后完成整个产品的设计。这就是产品的"正向设计"过程,但这种过程一般比较耗时,成本也较高。

为了缩短产品的设计和开发周期,加快产品的更新换代速度,降低开发成本和风险,加快产品外形和系统化设计,工程师们也经常应用"逆向工程"对产品进行设计。"逆向工程"可以认为是一个从产品到设计的过程,即根据已有产品,反向推出其产品设计和各项数据参数。同时,"逆向工程"的实施过程也是多领域、多学科之间的协同过程。因此,逆向工程是一种帮助我们深度理解产品的方法,主要目的是了解产品的工作原理,对产品的修复、复制或改进非常有用,可以降低成本,提高效率和可靠性,或调整产品,使其适用于特定目的。

学生在对自己选择的对象(产品)应用"逆向工程"的活动中,会运用到数学、物理等跨学科知识,以及工程设计的技能(包括团队合作、使用工具、编写手册等),提出关于如何为最终用户、制造商或环境(减少环境污染)改进产品的想法。

二、教学目标

通过完成本课例的实践活动,学生应达到以下三个维度的要求,如表2-3-1所示。

表2-3-1　教学目标

实践任务:选择一个对象进行"逆向工程"。 活动结束后,学生能够: (1) 使用"逆向工程"的方法了解产品的工作方式; (2) 编写一本如何组装产品的说明手册; (3) 应用工程设计的流程来改进产品的设计		
科学与工程实践	学科核心概念	跨学科概念
了解和改进模型	1. 三视图:能够正确反映物体长、宽、高尺寸的正投影工程图,包括主视图、左视图和俯视图。 2. 等轴测图:属于轴测图的一种,可通过使各坐标轴的投影之间角度相等(120°)的视角来获得	结构与功能

三、教学过程

如表2-3-2所示,本课例的实践活动建议通过4课时(共160min)完成,可视实际教学情况灵活调整。

表 2-3-2 教学过程

课时	教学环节	教师活动	学生活动
1	明确任务，回顾概念	1. 课堂讨论。在介绍任务并展示视频之前，进行非正式的课堂讨论，以评估学生对逆向工程的理解。提问学生： （1）大家知道逆向工程是什么吗？谁能描述一下。 （2）为什么逆向工程可能是有益的？ （3）谁可能从这个过程中受益？ 2. 回顾必备的知识和概念。提问学生关于工程设计的过程、草图绘制、撰写记录文档、撰写提案、小组分工表和材料清单的必备知识。找出学生所知道的内容，并在必要时澄清他们的错误和补充他们的基础知识	学生表达想法
	任务分析	1. 创设情境，引导学生深入理解逆向工程的概念。 （1）观看视频，创设情境，引出概念。教师通过视频、图片等丰富多彩的方式，引出逆向工程的概念。 （2）小组讨论： ① 通过刚才的视频，你了解逆向工程是什么吗？ ② 为什么逆向工程很重要？（听取学生的解释和想法。） ③ 逆向工程是拆分对象的过程，但为什么工程师会使用这个过程？ ④ 为什么我们要改进产品？ 教师可让小组派一名代表发表小组讨论结果，根据学生的理解，不断去纠正学生的错误理解，肯定正确的理解，引导学生归纳出逆向工程的概念及其重要意义。 2. 通过讲述真实案例，使得学生明白小组制定提案的重要意义，思考并分析出提案应该包含的具体内容。 案例：不久前，有两个小组都打算去拆卸手电筒。A 小组和 B 小组的人数刚好是一样的，结果 A 小组比 B 小组整整慢了一个月才完成手电筒的拆卸。我就去询问他们具体的做法，发现有一个非常不同的地方。A 小组的做法：没有提前了解手电筒的构造，而是一边拆卸一边去找工具，有时候还找不到。B 小组的做法：提前了解此型号的手电筒的基本功能和具体构造，粗略勾勒出手电筒的构造简图，确定了拆卸各个部分的基本顺序和步骤，准备好了所需的工具。等所有的准备工作做好了，就开始拆卸。虽然在此过程中也会遇到新问题，但是小组成员聚在一起讨论后，就解决了这个问题，拆卸工作顺利完成。 教师提问： （1）你认为 A 小组的进度比较慢的主要原因是什么？ 通过此提问，引出"提案"的概念，使得学生明白"制定提案"的重要意义。 （2）在工程项目的背景下，什么是提案？提案应该包含哪些具体内容？ 通过对具体问题的思考、反思，完善"提案"应该包含的内容。 （3）如果在组装过程中，忽然发现缺少了某个零件，导致组装不成功。对于此类情况，在拆卸之前，可以通过什么方式防止这类情况出现？ 3. 教师引导小组撰写一份产品说明书。 为了使别人更加全面、细致地认识和了解到小组的项目，小组需要通过文本、图片等形式对本小组的项目进行相对详细的表述，撰写一份产品说明书，深度体验工程师的工作。教师可通过展示不同产品说明书的内容，使学生思考以下问题：	回答问题： （1）逆向工程是一种帮助我们完全理解产品的方法，主要目的是为了了解产品的工作原理。对产品的修复、复制或改进非常有用，可以降低成本，提高效率和可靠性，或调整其适用于特定目的。 （2）在研究和工程的背景下，提案是计划在项目上完成的工作的描述。 （3）三视图是显示正视图、侧视图和俯视图的工程图。等轴测视图是零件的 3D 草图。绘制产品和部件的结构图也非常有用，因为这有助于人们了解部件如何组合在一起，例如，螺钉的位置

续表

课时	教学环节	教师活动	学生活动
1	任务分析	（1）产品说明书应该包含哪些部分呢？（可为学生提供手电筒说明书示例） （2）在编写说明书时，哪些类型的产品和零件草图好一些？ 4. 让学生组成团队，共同协作完成项目。 将1~3名学生组成一个团队，提出对产品的一些要求： 1人组成的团队须提出至少包含7个零件的项目，2人一组的团队须提出至少包含10个零件的项目，3人一组的团队须提出至少包含15个零件的项目，产品必须低压供电，最好采用电池驱动	
	提出方案	引导学生制定一个项目计划表，并提供一个讲义，包括提案问题、小组分工表的示例、材料清单的示例、报告要求列表、草图示例、产品要求和想法、整体项目进度、规则和设计过程的步骤	以小组为单位，根据要求确定要研究的产品，制定项目，并填写小组分工表（见表2-3-3）
2	实施方案	1. 观察和记录学生的活动情况，确保每个人都参与其中，取得进步。 2. 了解时间安排表，考虑为每个项目安排提交材料和产品的截止日期，以帮助团队持续完成任务。 3. 根据学生的情况，教师可亲自动手帮助学生	1. 寻找合适的产品。 2. 填写材料清单（见表2-3-4），并准备要用到的零部件。 3. 分工合作，开展逆向工程，并编写说明手册（为了更好地编写说明手册，可以在拆开产品时，记录整个拆卸过程的每一步）
3	测试方案	让其他团队的同学或家人阅读说明手册，为该团队提供反馈和改进建议，并填写逆向工程报告评价标准（见表2-3-5）、逆向工程现场展示评分标准（见表2-3-6）	在小组以外的人员阅读说明手册时，记录反馈和改进建议，小组成员根据反馈情况对说明手册进行更改
	改进方案	如果学生在截止日期前有额外时间，让他们尝试将产品恢复原状，看看他们是否可以让产品再次工作。或者，教师采用工程设计流程的步骤来指导学生改进产品的设计	将产品恢复原状
4	展示成果	学生以书面报告和课堂展示的方式，展示他们的学习成果。对于课堂展示，给团队一个时间限制，要求他们展示项目的关键要素，分享他们做了什么，以及学到了什么	提交团队项目的书面报告，并在课堂上展示项目的亮点等
	反思与评价	为了更好地了解个人对团队项目的贡献，让学生使用"合作评价量表"来评估小组成员，并将此纳入最终成绩	填写"合作评价量表"

表 2-3-3 小组分工表

小组编号		日期	
小组成员	角色	联系方式	电子邮箱

团队目标：

团队期望：

冲突解决策略（至少列举3条）：

表 2-3-4 材料清单

产品名称：

序号	配件名称	数量	型号	功能	与其他部分的联系	单价（元）	来源

表 2-3-5 逆向工程报告评价标准

评价项目	评分等级			分数（分）
	3（分）	2（分）	1（分）	
说明手册：对产品的描述	提供对产品完整的说明及草图，并能很好地解释每个部分及其功能	提供对产品一部分的说明及草图，能描述和解释部分功能	没有提供对产品的说明及草图，没有对产品的任何描述和解释	
说明手册：材料清单	拆卸过程中记录零件清单，包括零件名称、数量、尺寸、功能、成本等	零件清单中缺少两部分内容，或缺少对零件的说明	缺少超过两部分的零件，零件说明不完整	
说明手册：草图	草图有尺寸标注、标记和编号。每个部分都用整体草图绘制（正交/等距）	有些草图没有标注尺寸、标记和编号。大多数零件没有用整体草图绘制（正交/等距）	草图没有标注尺寸、标记和编号。每个部分没有用整体草图绘制（正交/等距）	

续表

评价项目	评分等级			分数（分）
	3（分）	2（分）	1（分）	
说明手册：步骤	逐步描述如何操作产品，或者如何将产品组装在一起（如果未组装）	对于如何操作产品的描述不够详细，或者对于如何将产品组合在一起的说明不够详细	没有任何细节描述	
说明手册：格式	说明手册包括：目录、页码、产品标题和名称	说明手册包括：目录、页码、产品标题或名称的部分内容	说明手册不包括：目录、页码、产品标题和名称	
工程设计的过程	小组完成了该过程，已找到选定产品的最佳设计方案或改进的设计解决方案（包括草图、推理、决策、描述等）	小组已经历了一些重新设计过程，包括草图、推理、描述、决策等过程的文档记录	小组没有经历完整的过程或不能提供相应的文档记录	
小组合作和交流	合作得很好，能够展示项目结果	在某种程度上能够合作并展示其项目结果	无法抛开分歧进行有效沟通	
总结报告	总结了数据和结果。描述了进展顺利和不顺利的地方，以及下一次改进产品的草图	总结了数据和结果，但不完整。描述了进展顺利和不顺利的地方，以及下一次改进产品的草图	没有总结数据和结果	
完成时间	按时完成报告	\	未按时完成报告	
总分				
评价：				

表 2-3-6　逆向工程现场展示评分标准

评价项目	评分等级			分数（分）
	3（分）	2（分）	1（分）	
对产品的描述	提供了一个全面而简短的描述，并解释了产品的用途	进行了一些描述和解释	没有描述或解释得不清楚	
草图	展示并解释了产品的等轴测图和三视图	展示或解释了产品的等轴测图和三视图	没有展示和解释产品的等轴测图和三视图	
工程设计过程	简要而清晰地解释了对该产品的新想法	没有很好地解释对该产品的新想法	没有描述对产品的新想法	
总结	总结了进展的顺利和不顺利之处，并用草图展示了对产品改进的想法	总结了进展的顺利和不顺利之处，或用草图展示了对产品改进的想法	没有任何总结	
展示	制作专业和简洁的PPT演示文稿。学生们的汇报思路清晰、声音洪亮	学生们没有清晰地解释项目	学生们没有任何展示	
总分				
评价：				

四、STEAM 要素

（一）科学原理

如果逆向工程项目选择的产品是电器（如手电筒），那么将涉及电学、工学等科学知识及原理；如果选择的产品是自行车，那么将涉及力学、工学等科学知识和原理。

（二）技术难点

在对产品进行逆向工程时，对于知识储备不同的学生来说，会遇到不同的问题或困难。

对于低年级学生，实施"逆向工程"可能是一个具有挑战的项目，因为它有很多步骤，需要得到很多的指导。

对于高年级学生，可引导学生在工程重新设计过程中逐步深入研究和设计。例如，让他们修改产品或以 CAD 图纸的形式制作改进后的产品。

（三）工程应用

工程师在设计、改进和完善产品时，经常用到逆向工程来更好地满足终端用户、制造商或人们对环境的需求（减少环境污染）。

在模具行业，常常需要反复修改原始设计的模型。应用逆向工程这种思维，通过对实物进行数据测量与处理，设计与实际相符的产品数字化模型，对模型修改后再进行加工，将显著提高生产效率。

除此之外，借助于工业 CT 技术，应用逆向工程的思维模式，可以快速发现、定位物体的内部缺陷。

（四）数学应用

在具体实践中绘制三视图、轴测图、组装图和结构图等，可使学生更全面、细腻地感受到不同类型的图在表达物体形状特征时的优点和缺点。学生们不仅感受到了数学知识的实际魅力，还会使他们的数学表达能力得到提升。

（五）阅读写作

在撰写提案、报告和说明手册时，可以很好地锻炼学生的写作能力，用详细、具体的语言表达自己的想法，借助图像等形式使表达的内容更形象和具体。

五、活动剪影

本课例活动，学生按照逆向工程拆卸安装自行车的情景如图 2-3-1、图 2-3-2 所示。

图 2-3-1　学生拆卸自行车链条

图 2-3-2 学生利用"逆向工程"安装自行车链条

课例 4　测量摩天大楼的高度

一、活动概述

为缓解城市核心区域用地紧张、促进商业集群发展，众多国家的大型城市均投入巨资兴建了摩天大楼，例如，阿联酋迪拜的哈利法塔、中国深圳的平安金融中心和美国纽约的世贸中心一号大楼，等等。与此同时，世界范围内还有一批摩天大楼也正处于紧锣密鼓的建设之中。摩天大楼的蓬勃发展得益于建筑科技的突飞猛进和升降机技术的升级换代。摩天大楼给人最直观的印象就是高，非常高。然而，若要问它们的具体高度，可能很少有人知道答案。因而不同的摩天大楼之间无法比较。

牛顿第二定律是经典物理的重要基石，是研究运动的重要方法。本活动从高中物理课程中的两个重要内容——牛顿第二定律和直线运动规律出发，运用所学知识设计测量摩天大楼高度的简便方案，开发普通电子秤的非典型功能。

二、教学目标

通过完成本课例的实践任务，学生应达到以下三个维度的要求，如表 2-4-1 所示。

表 2-4-1　教学目标

实践任务：设计和搭建装置测量摩天大楼的高度。		
活动结束后，学生能够： (1) 更加清楚地掌握牛顿第二定律的内容及其应用； (2) 建立运动过程中不同参量之间的关系的清晰认识，熟练掌握不同参量之间的转化关系； (3) 学会用会声会影软件进行视频的相关操作； (4) 掌握 Matlab，Origin 软件的基本操作，包含数值计算、数值积分、函数模拟和函数绘图等。		
科学与工程实践	学科核心概念	跨学科概念
设计和搭建装置，准确测量	1. 牛顿第二定律：物体加速度与作用力成正比，与质量成反比。加速度的方向与作用力方向一致。$F=ma$ 2. 直线运动规律：通过 a-t 图像可计算出任意时刻的速度；通过 v-t 曲线可计算出任意时刻的位移。 3. 单摆的周期公式：$T=2\pi\sqrt{\dfrac{l}{g}}$。$l$ 表示摆长，g 表示重力加速度	结构与功能

三、教学过程

如表 2-4-2 所示，本活动建议通过 4 课时（共 160min）完成，可视实际教学情况灵活调整。

表 2-4-2 教学过程

课时	教学环节	教师活动	学生活动
1	回顾概念，明确任务	1. 通过小组成员间的互动式提问，回顾以下基本知识： （1）生活中的摩天大楼的建造上有什么特点？ （2）长度可以用哪些工具进行测量？这些工具是否适合测量摩天大楼的高度？ （3）查阅资料了解，有没有先进的仪器可以直接测量摩天大楼的高度？ （4）有没有操作方便、测量准确的方法可以测量摩天大楼的高度？ 提出问题后，设定问题边界，组织学生以小组为单位进行讨论，并查阅相关资料，构思问题结论。检查各组初步方案的记录情况。 2. 设计一个简单、便于操作的装置及相关的参量处理方法来测量摩天大楼的高度。要求操作起来简单易行，方法准确，同时要求测量的精度要尽可能高。此次活动项目的目的在于加强学生对所学知识的理解和应用，拓宽和加深学生对物理基本定律的认识	1. 组长带领成员进行小组讨论，并查阅相关资料。 2. 成员间相互讨论后，得出问题的答案。 3. 明确本项目的目的和任务
	任务分析	1. 让学生清晰了解需要设计的装置所需具备的功能，了解常规方法的困难和缺点。 2. 为了实现课例活动的目的，引导学生从以下几方面进行思考，从而打开思路，设计问题解决方案。 （1）根据研究的问题，如何建立模型？ （2）模型中需要设置哪些参量，这些参量分别与哪些实物的特征参数关联？ （3）模型中需要测量哪些量？不同参量之间的关系是什么？ （4）测量不同的参量分别需要什么仪器？如何使用这些仪器？如何进行读数？ （5）如何处理获取的数据？ （6）有什么软件或者工具可以辅助完成数据的读取、计算和分析？ （7）如何使用软件完成任务	1. 查阅资料，了解常规的测量高度的方法，并相互交流。 2. 了解解决问题的方法：将一个大项目的问题进行拆分处理，从而针对每一个小问题制定有效的解决方案。 3. 查阅资料，设计操作的方法，并列出相应的操作所需要的材料和仪器。小组间也进行讨论交流，评价其他组方案的科学性和可实施性。组长负责记录初步方案
	提出方案	1. 帮助学生打开思维，让学生认识到高度的测量，除了可以当作长度测量处理外，还可以当作运动过程中的位移进行处理。从而让学生从运动的角度建立测量与高度之间的联系，寻求求解高度的运动学方法。 2. 引导学生回顾复习运动学的相关知识，掌握位移、速度、加速度和时间之间的相互转化关系。复习牛顿第二定律的内容，掌握力和加速度之间的转化关系。同时复习其他运动中求解加速度的方法，如单摆运动。 3. 指导学生根据方案目标设计操作步骤。让学生根据基础知识原理分析设计出最佳实验方案。 4. 学生在项目装置和实现方法的设计中，如果发现通过直观的数据并没有办法准确分析物体的运动形式，也就是说它的运动并不是恒定的加速度的形式时，让学生了解一些视频分析和数值计算的软件，学习软件的基本功能和操作方法。让学生在软件的辅助下，设计完善实验步骤。 5. 组织小组成员间讨论交流设计的实验方案。	1. 掌握相关的基础知识。 2. 了解和学习一些软件的功能和使用方法。 3. 设计可以实现活动目的的运动形式，并分步设计每一个操作过程的原理和方法

续表

课时	教学环节	教师活动	学生活动
1	选择方案	1. 从基本原理知识角度分析方案的科学性和可行性。 2. 指导学生考虑实际情况,并对不同的情况给出调整方案。 3. 教师指导学生修改所设计的项目以符合标准与期望	1. 对设计进行预测试。 2. 根据测试结果对设计过程进行适当的调整。针对不同的实际情况设计不同的调整方案
2	实施方案	1. 确定一种运动形式。例如,在电梯中放入电子秤,电子秤上放一个物体。使用前,要注意校准电子秤是否水平。当电子秤放在任何位置时,所显示的物体质量的示数相同,说明电子秤已经校正水平。 2. 让电梯从一楼开始上升,直到最高层停止。用手机或录像机录制电梯运行过程中电子秤示数的变化视频,确定手机的帧率是否符合要求。 3. 将录制的视频导入会声会影软件中,读出每一帧画面对应的时刻和相应的物体质量的示数。 4. 将记录的质量—时间的数据导入 Matlab 或者 Origin 软件中,利用牛顿第二定律,通过科学软件计算出加速度—时间对应的数据关系。 5. 利用科学软件计算出速度—时间对应的数据关系。 6. 利用得出的加速度—时间和速度—时间对应的数据关系,选择合适的步长。利用软件进行数值积分,从而计算出摩天大楼的高度。 7. 利用得出的加速度—时间和速度—时间对应的数据关系,用 Matlab 或者 Origin 绘制 a-t 和 v-t 图像。将所得到的图像进行函数拟合,利用函数关系计算出摩天大楼的高度	1. 以小组为单位,按照设计的实验方案进行逐步操作。 2. 记录下每一步对应的过程和数据结果,填写在报告中。 3. 记录下实施过程中遇到的难题,以及最后解决的方案。全班分享容易出错的地方,便于更好地实施项目方案
3	测试方案	通过真实的楼层高度和测量的楼层高度的比较,检验方案设计、操作方法和操作过程的正确性和准确性。 任意选取一栋摩天大楼,每个小组按照设计好的实验方案测量出楼层的高度。然后小组成员团结合作,用仪器或者工具测量出楼层的准确高度。将设计的实验方案测量的数据结果和仪器测量出的结果进行对比分析	分别根据实验方案测量出楼层高度,同时用仪器测出楼层高度。将数据填写在表格中,并进行对比分析
3	改进方案	1. 不同的摩天大楼由于形状不同,以及内部结构不同,导致最高层和最低层设计上会有差别。因此在基础的方法上需要修正这些差异带来的高度上的差值。 2. 在绘制函数图像进行拟合时,如果得出的数据结果偏差较大,要试着调整步长的数值。 3. 如果相对误差大于 1%,则需要检查操作过程中可能存在误差的部分,并进行修正,从而减小误差	小组讨论,排查误差来源,改正相应步骤中的不当之处,将相对误差控制在 1% 以下
4	展示交流	1. 设定项目活动报告和 PPT 撰写格式。 2. 检查撰写情况。设定每个小组的展示次序和时间,组织各小组进行 PPT 展示,并给出点评。 3. 组织交流活动:每个小组 PPT 讲解完后,留 2min 的时间接受其他小组的提问,如针对讲解内容提出异议或者疑问	撰写活动报告,制作展示交流用的 PPT。展示小组的项目设计和实施过程,并进行交流讨论
4	反思与评价	1. 回顾整个活动过程,并给出评价,引导学生总结和思考。 2. 每个小组派一名代表总结整个项目完成过程中的各个方面的心得与体会。 3. 每个小组都在交流活动的最后,总结项目完成过程的不足或需改进的地方	填写反思表和合作评价表

四、STEAM 要素

(一) 科学原理

在垂直电梯里固定好电子秤。重物的运动满足牛顿第二定律

$$N - mg = ma$$

其中，N 表示示重，mg 表示重力，a 表示重物加速度。由上式可知

$$a = (N - mg)/m$$

因此，只要测得了重物的质量和示重，就可以得到它的加速度。由于电子秤上的重物与电梯保持相对静止，即电梯的加速度等于重物的加速度。

在电梯运行的过程中，运用手机录制电子秤示数变化的视频，然后用视频软件会声会影读出每个时刻的示数，就可以绘制 a-t 曲线。通过 Matlab 或者 Origin 软件的积分功能，可以得到相应的 v-t 曲线和 s-t 曲线，进而得到楼层的高度信息。

(二) 技术难点

(1) 在电梯里固定电子秤，应调节电子秤位置使其与电梯间地面水平。

(2) 选择合适的视频软件，以减小电子秤示数的时间步长。

(3) 使用 Matlab 和 Origin 软件。Matlab 和 Origin 的作图及数值计算功能强大，学生需要学习和掌握这些科学软件的常用方法或者根据需要有针对性地学习。

(4) 对于不同参量之间的关系、函数图像的物理意义等知识点学生容易混淆。因此，学生务必正确掌握和理解物理学相关基础知识。

(三) 工程应用

通过本次活动，学生可以准确地测量楼层高度。在活动的实施过程中，学生也了解到电梯运动学的特点，有助于在其他方面做拓展研究。

(四) 阅读写作

实验设计过程需要学生查阅相关的资料，有助于提升学生获取信息资源的能力。在资料收集好后要进行阅读整理，筛选出有效信息，帮助学生提高阅读能力。撰写项目报告的过程可以很好地锻炼学生的写作能力。

课例 5　神奇的离心现象

一、活动概述

离心现象，就是做圆周运动的物体逐渐远离圆心的一种现象。该内容与高中物理"生活中的圆周运动"模块中的"离心运动"联系紧密，该课例可安排在相应的物理章节的学习期间进行。在活动中，学生将探究离心现象的产生条件和运动轨迹，掌握离心现象的知识，利用离心现象研发、自制益智玩具，并在校园中义卖。这对学生来说是一件非常有趣且富有挑战性的活动。

二、教学目标

通过完成本课例的实践活动，学生应达到以下三个维度的要求，如表 2-5-1 所示。

表 2-5-1　教学目标

实践任务：利用"离心现象"研发一款益智玩具，在学校科技节上展销并义卖。		
活动结束后，学生能够：		
(1) 探究离心运动的条件和轨迹；		
(2) 应用 2D 设计软件进行 Logo 设计；		
(3) 研发益智玩具，并开展营销活动		
科学与工程实践	学科核心概念	跨学科概念
科学探究 建构解释 设计解决方案	1. 生活中的圆周运动。 2. 离心现象。 (1) 离心现象的产生条件。 (2) 离心现象的运动轨迹	1. 结构与功能 2. 系统与系统模型

三、教学过程

如表 2-5-2 所示，本课例的实践活动建议通过 6 课时（共 240min）完成，可视实际教学情况灵活调整。

表 2-5-2　教学过程

课时	教学环节	教师活动	学生活动
1	明确任务， 回顾概念	1. 对学生进行分组，以 4~6 人一组为宜。 2. 播放生活中的圆周运动视频，供学生讨论。 (1) 棉花糖是怎么制作的？ (2) 洗衣机为何能脱水？ (3) 在"铁水烟花"表演中，为什么耀眼的火轮边缘上有火花直接飞出去？ 3. 互动式问答： (1) 什么是匀速圆周运动？具有什么特点？	1. 分组，设计分组后的桌牌。 2. 组员之间相互讨论，回答播放视频中的问题。 3. 按照问题，提出假设： (1) 物体做匀速圆周运动时，其所需要的向心力与所提供的合外力的关系如何？

续表

课时	教学环节	教师活动	学生活动
1	明确任务，回顾概念	（2）物体做匀速圆周运动需要满足什么条件？ （3）物体做匀速圆周运动时，物体的受力情况如何？ （4）在生物学中研究土壤中细菌的浓度时，如何得到没有杂质的土壤溶液？ 4. 明确探究任务： （1）离心现象的条件是什么？ （2）离心现象的轨迹是什么	（2）如果所提供的合外力与所需向心力的大小不等，会发生什么现象？ 4. 设计实验并验证。 （1）选取实验材料。 （2）小组内分工合作，写出实验方法，并画出实验图
2	任务分析	1. 对学生实验进行指导（如果使用智能手机、平板计算机、高速摄像机，提示学生需要使用慢动作拍摄实验视频进行分析）。 2. 提醒学生做好实验保护措施（穿白大褂和戴护目镜）。 3. 指导学生完成探究任务： （1）离心现象的条件是什么？ （2）离心现象的轨迹是什么？ （3）展示的海报必须包含三部分：实验器材、原理图（受力分析图）、结论	1. 进行实验，得出实验结果 （1）实验小组成员进行观察并交流讨论。 （2）分工合作完成实验。 2. 设计海报，展示结论。 （1）其中一名组员讲解，其他组员可以补充。 （2）进行必要的演示
3	提出方案	1. 明确工程制造任务：设计益智玩具。 2. 指导学生明确玩具的特点。 3. 指导学生完成问卷调查的设计。 4. 讲授 2D 设计软件的操作要领，并指导学生进行 Logo 设计	1. 对组内成员进行职责分工，组成益智玩具研发组并命名。 （1）设置董事长、技术总监、艺术总监、营销总监等职务。 （2）为小组命名。 2. 做市场调查，分析市场需求。 （1）设计一款怎样的益智玩具？ （2）需要准备哪些材料？ 3. 小组成员进行头脑风暴，交流各自的设计方案，最后确定设计方案。 4. 确定 Logo 设计方案。 （1）学习 2D 设计软件的使用。 （2）由各公司艺术总监组织讨论并设计 Logo 草图。 （3）每个学生根据草图在软件上制图，完成技术实践
4	实施方案	1. 指导学生完成益智玩具制作 2. 帮助学生完成益智玩具的安全性测试	1. 以小组为单位制作益智玩具 2. 展示制作益智玩具时遇到的问题及自己的解决方案，并展示制作好的益智玩具及 Logo

续表

课时	教学环节	教师活动	学生活动
5	测试方案 改进方案	1. 提出技术挑战：如何设计才能让益智玩具包装得小巧、精美？ 2. 从安全性和使用寿命两方面检测益智玩具的质量，从材料成本及安全性两方面考虑益智玩具的制作成本。 3. 发放《自制益智玩具营销策划书》，明确任务和要求	1. 完成安全性测试。 2. 由各公司技术总监组织益智玩具制作方案的改进及再次制作。 3. 确定包装方式。 4. 由各公司艺术总监确认公司 Logo 设计及包装方式的最终版本。 5. 由各公司营销总监负责组织填写《自制益智玩具营销策划书》
6	课前准备	1. 提示学生批量制作各公司的 Logo，以及玩具的包装或包装纸。 2. 提示学生做好各项准备工作	1. 根据益智玩具制作方案和营销方案，准备益智玩具功能介绍、宣传海报等。 2. 课前在益智玩具上张贴公司 Logo，展示 3 台玩具，其余玩具包装好待售。 3. 各公司董事长为下次课的产品发布会做"60s 演讲"准备
	展示成果	1. 召开"产品发布会"，由各公司董事长对产品进行"60s 演讲"。 2. 组织学生对各公司的益智玩具进行试玩，互相评分。 3. 组织学生进校园义卖玩具。 4. 展销活动结束后，回收《自制益智玩具营销策划书》	1. 对各公司发布会上的演讲及产品试玩进行互评。 2. 在校园义卖玩具。 3. 将营利情况记录在《自制益智玩具营销策划书》中，于活动结束后上交

四、STEAM 要素

（一）科学原理

离心现象是指做圆周运动的物体逐渐远离圆心的现象。物体做匀速圆周运动时，所受的合外力刚好等于其做匀速圆周运动所需要的向心力。当所提供的合外力不足以提供物体做匀速圆周运动所需要的向心力时，即 $F_{提供} < F_{需要}$，物体就会做远离圆心的运动。当合外力为 0 时，即 $F_{提供} = 0$，物体所受的合力突然消失时，相对于圆心来说，物体沿半径离开圆心物体，如图 2-5-1 所示。

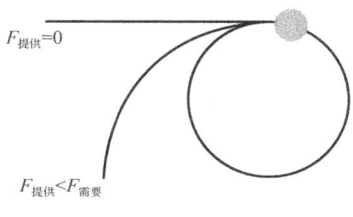

图 2-5-1　离心现象

（二）技术难点：设计探究实验

在本活动的"科学探究"环节，学生需要自行设计实验方法并自选器材进行实验。而两大实验条件的创造，则需要考虑现有器材的限制。

1. 创造 $F_{提供} = 0$ 的条件

物体做匀速圆周运动时，哪个力作为合外力？这是需要重点分析的。可以发现，只要物体在地球上，重力永远不可能消失，而接触力——拉力、支持力与摩擦力却可以逐渐减小。因此，可以将轻绳提供的拉力或拉力的分量用来提供物体做匀速圆周运动时的向心力，如图 2-5-2 所示；也可以用支持力提供向心力，如图 2-5-3 所示。这两种情况可以比较容易做到向心力为零，使物体做离心运动。

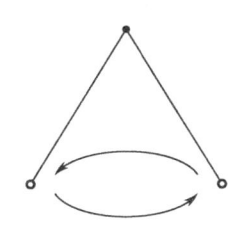

图 2-5-2　拉力提供向心力　　　　图 2-5-3　支持力提供向心力

图 2-5-2 中绑着细线的小球在桌面上做圆周运动时突然释放细线，此时拉力为 0，则所提供的向心力为 0。图 2-5-3 中，先将乒乓球放在小盆里用盖子盖好摇起来，使其沿着小盆内壁做圆周运动，在某一瞬间突然拿起盖子。在这两个实验中，分别观察小球和乒乓球朝哪个方向飞出。

2. 创造 $F_{提供}<F_{需要}$ 的条件

物体做匀速圆周运动时，如何使 $F_{提供}<F_{需要}$？实际上，减小 $F_{提供}$ 较难，因此需要增加 $F_{需要}$。根据公式 $F_{需要}=m\dfrac{v^2}{r}=mw^2r$，若要增加 $F_{需要}$，可以增加质量 m、线速度 v 或角速度 w、减小旋转半径 r。因此，设计三个实验，如图 2-5-4 所示。

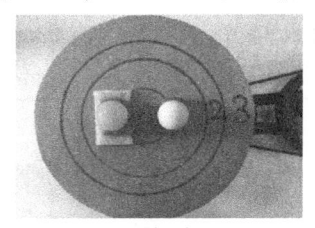

(a) 增加质量 m　　　　(b) 增加线速度 v 或角速度 w　　　　(c) 减小半径 r

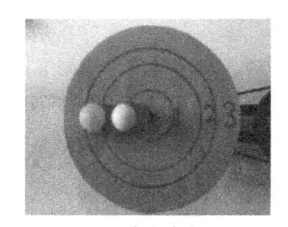

图 2-5-4　三个实验图

在图 2-5-4 (a) 中，在圆形纸板上画三个同心圆，制作两个质量不同的乒乓球模块（在两个质量相同的乒乓球的下面粘贴不同质量的质量块）。将纸板放在转盘上，将两个乒乓球模块放在圆盘同一个半径处，旋转转盘使圆盘转动起来，此时两个乒乓球模块具有相同的线速度 v、角速度 w、旋转半径 r，因此具有相同的向心加速度。逐渐增大圆盘的转速，注意观察哪个乒乓球模块先滑出，为什么这个乒乓球模块会滑出？

在图 2-5-4 (b) 中，将一块自制长方形模块放在横杆没有夹子的一侧，转动横杆，观察长方形模块是否掉落。增加转速，滑块是否更易掉落，为什么？

在图 2-5-4 (c) 中，将两个一样的乒乓球模块放在不同半径的同心圆处，转动转盘，注意观察哪个模块更易滑出？

3. 益智玩具制作

制作益智玩具既贴近生活，又具有极强的挑战性。除了考虑玩具的可行性外，还需从安全性和玩具寿命两方面检测益智玩具的质量，从材料成本及安全性两方面考虑益智玩具的制作成本。活动设计时，所选材料应该对人身无毒和对环境无污染。同时，儿童在使用玩具时不能对儿童身体构成伤害，以确保安全性。同时，投入市场试用前，需要对大众进行相关调研和访谈，并收集家长和儿童对该玩具的使用体验和建议。同时，也可对玩具经销商进行咨询，以获得广泛的市场信息。

4. Logo 设计

产品 Logo 可选择不同风格进行设计，可以基于 Logo 的视觉特征选择线性图标、面性图标、扁平化图标、手绘风格图标、拟物风格图标等不同类型的图标。

（三）工程应用

本活动中，益智玩具研发和公司 Logo 制作都需要通过工程设计过程来完成。在设计过程中，应注重环保的理念。

（四）艺术展现

本活动中，学生需要设计公司 Logo，制作宣传海报。这是展现学生艺术才能的好机会。学生可以从日常生活中见到的 Logo、宣传海报上获得一些设计思路，或者通过网上查阅资料学习一些设计方法，抑或通过"头脑风暴"碰撞出一些设计灵感。如果能请到专业的美术老师来指导学生，当然更好；如果没有，那就放手让学生自己去做，让有艺术特长的学生在团队中发挥他们的作用。

（五）阅读写作

本活动的最后一个环节是益智玩具的义卖活动，这是对学生进行总结性评价的一个重要环节。学生需要通过《自制益智玩具营销策划书》、"60s 演讲" 和益智玩具产品来展示活动成果。《自制益智玩具营销策划书》中益智玩具制作方法的写作属于科学写作，要求学生以严谨科学的态度将活动过程中摸索出来的最佳制作方案呈现出来，使他人按照这个制作方法也可以探究离心现象的条件及轨迹。"60s 演讲"的演讲词写作则属于创意写作，要求学生用精练的语言展示利用"离心现象"研发的益智玩具的特点，为自己研发的益智玩具打广告，吸引顾客。

课例 6 桥梁搭建

一、活动概述

港珠澳大桥的建成不仅体现了高速发展的科技水平，也展现了我国日益强大的综合国力。本课例通过一个桥梁设计的招标、投标活动，让学生体验桥梁设计的过程及考虑因素。该活动一方面以学生为中心，引导学生积极地学以致用，参与问题解决过程；另一方面让学生了解工程设计步骤，以及如何在激烈的投标竞争中，让作品脱颖而出。整个活动不仅可以提升学生解决问题的能力，还便于学生提前接触行业信息，为今后择业、就业做准备。

二、教学目标

通过完成本课例的实践活动，学生应达到以下三个维度的要求，如表 2-6-1 所示。

表 2-6-1 教学目标

实践任务：设计并搭建一座坚固、实用、美观、高性价比的桥梁，参与招标、投标活动。 活动结束后，学生能够： (1) 应用电阻应变式传感器将形变这一力学量转换为电学量进行测量； (2) 应用 Autodesk Inventor 工程软件设计桥梁模型； (3) 运用积累法测量、评估作品的质量； (4) 了解招标、投标活动的形式和流程； (5) 明白工程设计的一般步骤及团队成员的分工合作； (6) 解决桥梁的承重、功能和外观设计问题		
科学与工程实践	学科核心概念	跨学科概念
1. 设计和搭建桥梁模型。 2. 学会使用电阻应变式传感器，体验如何将力学量转换为电学量。 3. 用工程软件进行作品设计和模拟测试，优化产品结构	1. 力：物体对物体的作用，具有使物体发生形变和改变物体运动状态两种作用效果。 2. 形变：分为弹性形变和塑性形变。微小形变的观察可以借助"液柱"、"光线"等，采用"放大法"进行观察。 3. 弹性限度：指物体受到外力作用，在内部所产生的抵抗外力的相互作用力不超过某一极限值时，若外力作用停止，其形变可全部消失而恢复原状，这个极限值称为"弹性限度"。 4. 电阻定律：导体的电阻 R 与它的长度 l、电阻率 ρ 成正比，与它的横截面积 S 成反比（$R=\rho\dfrac{l}{S}$）。	1. 结构与功能。 2. 系统与系统模型。 3. 变化与恒定

三、教学过程

如表 2-6-2 所示，本课例的实践活动建议通过 4 课时（共 160min）完成，可视实际教学情况灵活调整。

表 2-6-2 教学过程

课时	教学环节	教师活动	学生活动
1	明确任务、复习概念	1. 以图片、视频的形式展示港珠澳大桥的样貌、结构。让学生分享课前查阅的关于桥梁承载结构、样式类型的相关资料。 2. 提出互动式问题： （1）为什么生活中常常在桥的一侧立有写着限制载重的警示牌，有什么作用？ （2）怎样用弹性限度的概念来解释上述现象？ （3）有什么办法可以测量微小形变？用什么物理元件可以将形变这一力学量转换为电学量？ 3. 介绍工程设计的步骤。 4. 引导学生进行角色分工，分别担任项目经理、结构设计师、外观设计师、材料清算师、造价工程师	1. 学生发言分享查阅的相关资料，对如何搭建一座稳固的桥梁提出自己的见解。 2. 回答教师提出的三个问题。 3. 分组进行角色扮演
1	提出问题	同一梁式桥在同一荷载下，形变量的分布有什么规律？（以一座两端不固定的简易木质梁式桥为例）	思考问题
1	猜想与假设	提供材料让学生进行小组探究	进行实验，观察木板断裂后的形状，提出猜想
1	设计实验	回顾电阻定律，介绍电阻应变式传感器的工作原理，介绍仪器使用方法及电路连接	理解仪器涉及的物理原理
1	进行实验、分析数据、得出结论	让学生结合实物演示和实验数据来讲解、分享实验结论	（1）搭建实验装置； （2）连接电路； （3）进行实验； （4）记录数据； （5）分析数据； （6）得出结论； （7）分享结论
2	明确任务、分析任务	（1）介绍工程项目招标、投标的作用、目的及流程。 （2）发布招标文件——桥梁搭建	了解活动开展形式，熟知招标需求
2	提出方案、选择方案	（1）提前在学生计算机上安装 Autodesk Inventor 2019 软件，并做简单培训。 （2）在学生确定设计方案后，收集、登记各组作品方案的桥梁估算成本（¥）及其自重。（注意：一旦过了设计阶段，这两个估算值不允许更改）	（1）利用工程软件设计桥梁，小组讨论，头脑风暴，确定最佳设计方案。 （2）列出材料清单，估算并提交桥梁的成本（¥）和自重
3	实施方案	领取"购买"材料过程中，教师应做好物资登记。（强调：桥梁两端不可固定在台面上）	根据材料清单领取、"购买"材料进行制作
3	测试方案、改进方案	（1）巡视，指导学生进行承重初测，优化、改进作品方案。 （2）收集、核算、登记各组作品的实际成本和实际自重	（1）小组内部进行承重测试，小组讨论，完善桥梁结构 （2）对桥梁进行功能开发、分区，并利用彩色画笔进行外观设计 （3）作品完成后，进行实际成本计算和实际质量测量

续表

课时	教学环节	教师活动	学生活动
4	招标、投标活动	（1）教师担任招标组织者，聆听和记录各组的方案汇报，并现场组织桥梁承重测试。 （2）组织其他小组的学生进行投票，完成表1-6-6，计算各组总分。 （3）宣布总分最高的团队中标	（1）各组参与投标并进行诉标，展示作品，并进行承重测试。 （2）给其他小组投票
	反思与评价	1. 师生讨论： （1）你最喜欢哪组的设计，为什么？ （2）这堂课的收获与感受是什么？ 2. 拓展： （1）收集生活中的桥梁照片，说说哪些结构有助于桥梁的稳固和承重，并从技术性、功能性、艺术性角度进行评价。 （2）收集不同方面的"桥梁之最"照片，与同学们一同赏析，并畅想桥梁的未来发展趋势	1. 讨论老师提出的问题。 2. 完成评价表。 3. 从技术性、功能性、艺术性等角度对生活中的桥梁进行评价。 4. 赏析"桥梁之最"照片，畅想桥梁发展的未来

四、STEAM 要素

（一）科学原理

1. 力

力是物体对物体的作用。桥板下端没有直接与重物发生接触，也发生了形变，教师可以借此引出内力的概念。力的作用效果不仅可以改变物体的运动状态，还可以使物体发生形变，如压缩形变、拉伸形变、弯曲形变和扭曲形变，等等。

2. 形变量化、电阻定律

对于微小形变的观察往往采用"放大法"，而对于形变的量化研究，则可以用电阻应变式传感器将桥梁形变这一力学量转换为电学量，实现从定性研究转为定量研究。

电阻应变片由电阻丝式敏感栅、基片、引线、覆盖层等组成。敏感栅是由直径为 0.01~0.05mm 的金属丝绕成的，它实际上是一个电阻元件，能将形变量转换成电阻变化量。在测试时，将应变片顺着形变的方向粘贴在被测试件的表面上。当被测试件受力发生形变时，应变片的敏感栅也获得同样的形变，从而改变了电阻丝的长度、横截面积，进而使其电阻随之发生变化（$R=\rho\dfrac{l}{S}$）。因此，通过一定测量线路将这种电阻变化转换为电压或电流变化，再用显示记录仪表将其显示记录下来，就能知道被测试件形变量的大小。

（二）技术难点

1. 桥梁自重估算

在桥梁的设计阶段，各小组需要对作品的自重进行估算。一方面，要对方案按比例还原到真实尺寸，对材料用量进行估算；另一方面，要对单位面积/体积的材料质量进行准确测量。由于桥梁的制作材料主要是纸片、胶带和固体胶，相对比较轻，很难直接测量，因此需要借助积累法测算出每单位面积/体积的材料质量，再结合材料预计使用量估算桥梁的总质量。

2. 承重测试

在开展承重测试之前，学生需分清弹性形变和塑性形变，明白当形变量超过一定限度时，弹性形变将转变为塑性形变，即超过该物体的弹性限度。为了更快比较出不同桥梁的承重能力。测试时，在桥板中间挂上重物，当桥梁中部凹陷达到某一设定值（该值可由教师综合所有作品的具体情况做调整），此时，所挂重物越重，则认为该桥梁的承重能力越强。

（三）工程应用

工程应用如表 2-6-3 所示。

表 2-6-3　工程应用

工程设计过程	桥梁搭建
明确任务	设计、搭建一座梁式桥
任务分析	1. 通过查阅资料，了解梁式桥的设计原理、要点； 2. 研究分析招标需求、及评价标准
设计方案	通过"头脑风暴"提出多种桥梁设计方案，选择最佳方案
实施方案	按照选定方案搭建桥梁
测试方案	小组内部对桥梁进行承重评估
改进方案	1. 结合测试数据对作品结构进行改进优化； 2. 对作品进行功能分区； 3. 查阅资料，了解产品外观的设计原则和艺术展现方式，进而对作品进行外观设计
展示交流	撰写桥梁项目的投标文件，以 PPT 的形式，阐述作品的功能、优势及亮点

（四）数学应用

在本课例的实践活动中，需对多组应变片的数据进行整理，从而得出规律。在估算桥梁质量的时候，除了要熟悉积累法原理之外，还有一定的计算量。在活动进行中，学生要根据测得的数据进行相应的计算。

（五）艺术展现

在本课例的实践活动中，学生需要在已有的桥梁结构上对桥梁的功能进行开发和分区规划，对空间进行合理利用，努力做到集交通、旅游观光、商业贸易功能于一体，增强桥梁的实用价值和经济效应。此外，桥梁的外观设计，也是发挥和培养学生创新性的重要部分，有助于学生了解设计艺术，提高审美水平。

（六）阅读写作

1. 科学阅读

学生要了解梁式桥的承载结构特点，分析不同梁式桥类型的优缺点，需要查寻并阅读大量的文献，并对文献进行归纳整理，进而为后期作品设计提供有力的理论支撑。

2. 科学写作

参加招标投标活动时，各成员根据角色分工，向团队提供手中的数据和资料，进而整理完成《桥梁项目投标文件》的撰写，具有一定的专业性。

3. 创意写作

各小组除了在设计、搭建阶段精益求精之外，在招标、投标活动现场的临场表现对中标结果也有一定的影响。因此，需要团队认真撰写诉标发言稿，多方面争取中标机会，这部分属于创意写作。

（七）社会人文

1. 社会问题

本节课程从介绍国家工程、国之重器——港珠澳大桥切入，激发学生的民族自豪感，领会科技进步对社会发展的价值。接着，通过提出如何建设一座桥梁这一探究问题，激发学生的社会责任感和主人翁意识，为课程推进定下良好基调。

2. 社会体验

本课例的实践活动让学生分角色扮演项目经理、结构设计师、外观设计师、材料清算师、造价工程师，以桥梁设计的招标、投标活动形式，分组合作探究，了解工程设计步骤，以及如何在激烈的投标竞争中让作品脱颖而出；不仅可以提升学生解决问题的能力，还便于学生提前接触行业信息，为今后择业、就业做准备。

课例 7　环保助手——家用垃圾分拣器

一、活动概述

实行生活垃圾分类是防止垃圾污染环境，维护公共卫生和安全，实现可持续发展和发展循环经济的必要手段。将生活垃圾分类收集后，可回收的"垃圾"可以投入循环再利用，既能保护地球现有的生态环境，也可以节约垃圾场的空间，还可减少对生活焚烧厂设备损害及生化堆肥质量的影响，提高处置效率。2017 年 3 月，国家发展和改革委员会、住房和城乡建设部发布《生活垃圾分类制度实施方案》，要求在北京、天津、上海等 46 个城市先行实施生活垃圾强制分类。2019 年 6 月，住房和城乡建设部、国家发展和改革委员会、生态环境部等九部门联合印发《住房和城乡建设部等部门关于在全国地级及以上城市全面开展生活垃圾分类工作的通知》，通知指出全国地级及以上城市全面启动生活垃圾分类工作，到 2020 年底，先行先试的 46 个重点城市，要基本建成垃圾分类处理系统；其他地级城市实现公共机构生活垃圾分类全覆盖。

国外对于垃圾分类很重视，如日本、美国、巴西等国家。在大多数外国家庭里，普遍会放置三个垃圾箱，但缺点是分类粗、体积大，且需要人工判断投放哪个垃圾箱，容易投放错误。国外也研究出会自动分拣的智能机器人，如"机器人帮你分拣垃圾"，但成本过高并不适合家庭使用。

在此活动中，学生运用设计思维，整合计算机编程、电工电子等学科知识，利用仿真平台，检测、改进设计，能够成功地完成一项实践工程。

二、教学目标

通过完成本课例的实践任务，学生应达到以下三个维度的要求，如表 2-7-1 所示。

表 2-7-1　教学目标

实践任务：设计和制作一个基于单片机的家用垃圾分拣器，使人们在垃圾生产源头将垃圾进行有效、细致、准确地分类。 活动结束后，学生能够： (1) 应用 Keil μVision4 编程器编写步进电动机控制程序； (2) 利用 Proteus 仿真平台绘制原理图并调试控制程序； (3) 使用 PZ-ISP 自动下载软件烧录程序； (4) 掌握电子装配技术			
科学与工程实践	学科核心概念	跨学科概念
开发和使用模型	1. 垃圾分类的规定和标准； 2. 单片机控制步进电动机的原理	结构和功能

三、教学过程

如表 2-7-2 所示，本活动建议用 6 课时（240min）完成，可视实际教学情况灵活调整。

表 2-7-2 教学过程

课时	教学环节	教师活动	学生活动
1	问题探究，回顾原理	1. 通过视频引出大量垃圾堆砌在地球的情景，让学生思考垃圾处理的问题，并组织学生讨论。 2. 复习单片机控制步进电动机的原理	1. 使用网络探究生活垃圾的基本分类，掌握垃圾分类的规定和标准，明确具体的分类类别。 2. 分析单片机控制步进电动机的原理
1	任务分析	1. 通过设计一个简单的控制电路示例，指导学生操作 Keil μVision4 编程器编写控制程序，利用 Proteus 系统仿真开发平台设计控制电路并调试控制程序。 2. 引导学生任务分析 （1）如何把各种垃圾分为四类以方便存放？ （2）如何解决使安装在一个大桶（作为转动骨架）上的四个小桶能够自动转到指令位置？ （3）在上面的结构中，如何解决投放不同垃圾时能够自动分拣到四个存放垃圾的小桶中？ 3. 实现上述功能，需要哪些材料	1. 练习使用 Keil μVision4 编程器编写控制程序。 2. 练习利用 Proteus 系统仿真开发平台设计控制步进电动机正转 90°—反转 90°—原位置的控制电路，调试控制程序。 3. 小组讨论如何将垃圾分类以实现垃圾分拣存放。 4. 小组讨论如何利用单片机设计一个控制四个小桶转到指定位置的装置，实现垃圾分拣存放
2	提出方案	1. 基于单片机，利用步进电动机实现四个垃圾小桶转到指定位置。 2. 为了实现控制，需要编写控制程序。 3. 利用所给材料设计装置	小组分析垃圾分拣的技术实现路线，创建问题解决方案，并分享给全班同学
2	选择方案	1. 单片机型号的选择。 2. 模拟实验板的选择。 3. 步进电动机的选择	小组在教师的指导下选择单片机、模拟实验板和步进电动机的型号
3	实施方案	1. 给学生提供器材。 2. 根据各组需求指导学生编写程序、设计控制电路和仿真调试控制电路和程序	1. 设计完成后，使用 Keil μVision4 编程器编写控制程序，利用 Proteus 系统仿真开发平台设计控制电路和调试控制程序。 2. 装配实验电路板，烧录程序
4	测试方案	实际使用垃圾分拣器，观察出现的问题	1. 装配垃圾桶。 2. 投放各种垃圾，测试垃圾分拣器系统的性能
5	改进方案	1. 如果使用过程中突然断电，垃圾分拣器会出现位置记忆不准确的故障，指导学生考虑增加复位装置或传感器如霍尔元件。 2. 指导学生设计制作一个电路板（挑战性任务）	1. 增加复位装置或者传感器，改进设计方案后重新调试，使产品更可靠而且美观，完成产品迭代。 2. 自己设计电路板代替 HC6800-EM3 实验板

续表

课时	教学环节	教师活动	学生活动
6	展示成果	制作完成后，让学生在教室里展示垃圾分拣	各小组在教室里进行垃圾分拣实际操作
	反思与评价	指导学生研究电动机功率和输出机械功率，帮助学生完成项目分析报告	1. 依据电动机铭牌参数计算其最大输出机械功率。 2. 撰写书面分析报告，进行设计反思

四、STEAM 要素

（一）科学原理

使用单片机对步进电动机进行控制，本质上是提供外部人机交互接口，在单片机的判断和控制下产生不同频率的电子脉冲来驱动步进电动机旋转。采用稳定的、高效的、性价比较高的 51 单片机作为核心控制部件，通过编程来实现该单片机对外部人机交互结构电路的输入判断，生成步进电动机的电子脉冲控制信号，并改变相应的输出电子脉冲频率，经驱动芯片为步进电动机提供控制信号和动力来源。

（二）技术难点

1. 单片机型号的选择

本设计采用 C 语言编程，基于 51 单片机挑选芯片。STC90C516RD+系列单片机是宏晶科技推出的新一代超强抗干扰、高速、低功耗的单片机，指令代码完全兼容传统 8051 单片机，较其他单片机芯片性能好，如图 2-7-1 所示。

图 2-7-1 STC90C516RD+系列单片机

2. 模拟实验板的选择

选用普中 HC6800-EM3 V3.0 实验板，其功能强大，价格适中。

3. 步进电动机的选择

选用四相六线步进电动机，其性能良好，稳定性强。

本设计所用步进电动机，驱动电压为 12V（在实验板上可以为 5V），步进角为 7.5°，一圈 360°需 48 个脉冲。采用 STC90C516RD+5N14927 单片机驱动 ULN2003A 的方法驱动步进电动机，如图 2-7-2 所示，其驱动电路如 2-7-3 所示。

图 2-7-2 步进电动机

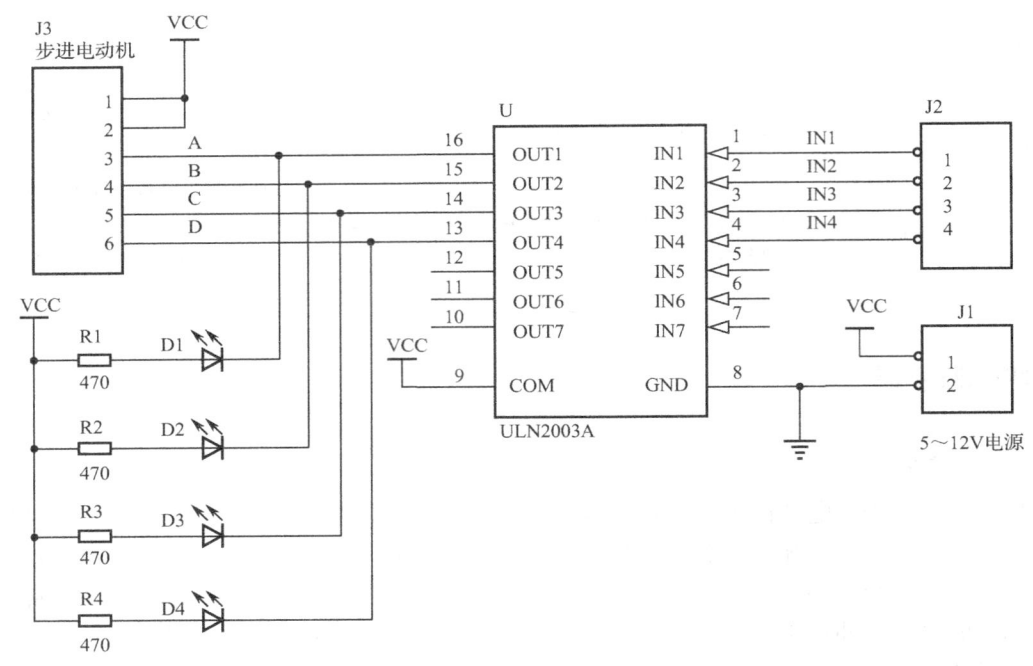

图 2-7-3 单片机驱动步进电动机的电路

4. 编程

使用 Keil μVision4 编程器，用 C 语言编写步进电动机控制程序。

如图 2-7-4、图 2-7-5 所示，Keil μVision4 编程器提供了包括 C 编译器、宏汇编、连接器、库管理和一个功能强大的仿真调试器等在内的完整开发方案，通过一个集成开发环境（μVision）将这些部分组合在一起。

图 2-7-4 Keil μVision4 编程器使用界面 1

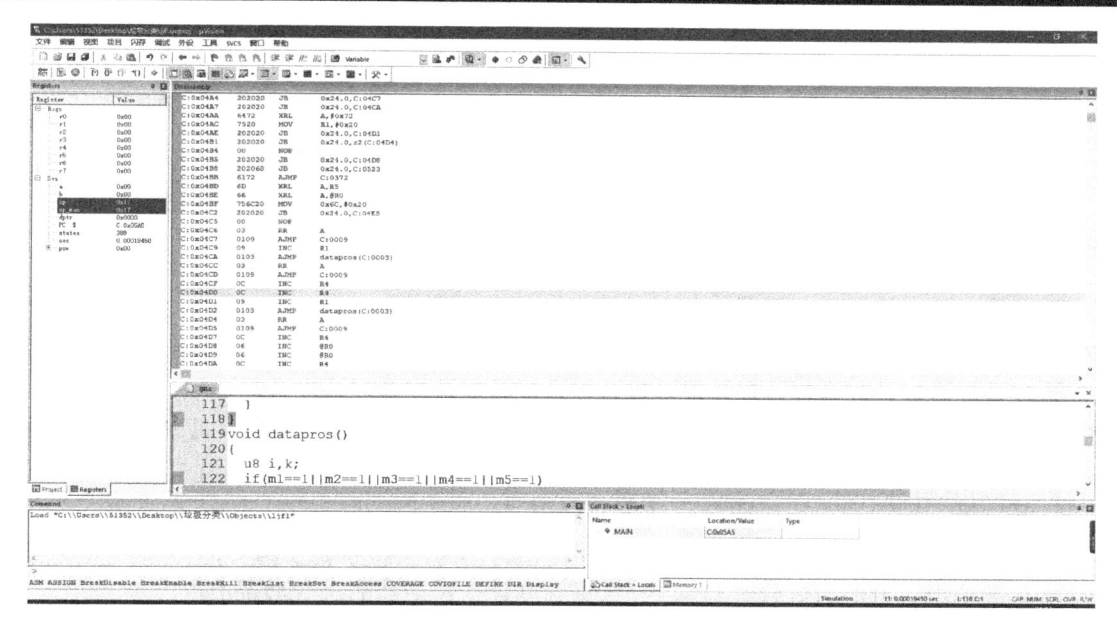

图 2-7-5　Keil μVision4 编程器使用界面 2

5. 生活垃圾的基本分类

国内外各城市大致都是根据生活垃圾的成分、产生量，结合本地垃圾的资源利用和处理方式来进行垃圾分类的。

依照上海市垃圾分类名称，把垃圾分为下面四类。

(1) 可回收物，是指适宜回收利用和资源化利用的废弃物，主要包括废纸、塑料、玻璃、金属和布料五大类。

废纸：主要包括报纸、期刊、图书、各种包装纸等。

塑料：主要包括各种塑料袋、塑料包装物、一次性塑料餐盒和餐具、牙刷、杯子、矿泉水瓶、牙膏皮等。

玻璃：主要包括各种玻璃瓶、碎玻璃片、镜子、暖瓶等。

金属物：主要包括易拉罐、罐头盒等。

布料：主要包括废弃衣服、桌布、洗脸巾、书包、鞋等。

(2) 有害垃圾，指纳入《国家危险废物名录》，对人体健康或者自然环境造成直接或者潜在危害的，且应当专门处置的废镍镉电池、废药品等废弃物，包括电池、荧光灯管、灯泡、水银温度计、油漆桶、家电类、过期药品、过期化妆品等。

(3) 湿垃圾，指日常生活垃圾中可分解的有机物质部分，包括食物残渣、菜根、菜叶、动物蹄、角、瓜皮、果屑、蛋壳、鱼鳞、毛发、植物枝干、树叶、杂草、动物尸体、牲畜粪便等。也有其他城市称之为"厨余垃圾"。

(4) 干垃圾，是指除可回收物、有害垃圾、湿垃圾以外的其他生活废弃物，如盛放厨余果皮的垃圾袋、废弃餐巾纸、尿不湿、清洁灰土、污染较严重的纸、塑料袋、报废车辆、家电家具、装修废弃物等大型的垃圾等。也有其他城市称干垃圾为"其他垃圾"。

如图 2-7-6 所示为上海市生活垃圾分类标识。

有害垃圾	可回收物	湿垃圾	干垃圾
HAZARDOUS WASTE	RECYCLABLE WASTE	HOUSEHOLD FOOD WASTE	RESIDUAL WASTE
红色	蓝色	棕色	黑色
PANTONG RED C	PANTONG 514 C	PANTONG 4715 C	PANTONG BLACK C

图 2-7-6　上海市生活垃圾分类标识

本设计只有四个小桶存放垃圾，故按照存放区别分为四大类：可回收物、湿垃圾、干垃圾、有害垃圾。

（1）可回收物：废纸（包装纸，报纸）、塑料盒（透明塑料袋）、金属、玻璃（如啤酒瓶）、布料；

（2）湿垃圾：剩饭剩菜与过期食品（废弃食用油）、菜皮果皮（茶叶渣）、残枝落叶；

（3）干垃圾：餐巾纸、厕纸与尿不湿、清洁灰土、不透明塑料袋、陶器；

（4）有毒垃圾：电池、灯管（灯泡）、水银温度计、过期药品（化妆品）。

根据本设计所采用的垃圾分类办法，在此规定废纸（包装纸，报纸）为 S1，塑料盒（透明塑料袋）为 S2，金属为 S3，玻璃（如啤酒瓶）为 S4，布料为 S5，剩饭剩菜与过期食品（废弃食用油）为 S6，菜皮果皮（茶叶渣）为 S7，残枝落叶为 S8，餐巾纸、厕纸与尿不湿为 S9，清洁灰土为 S10，不透明塑料袋为 S11，陶器为 S12，电池为 S13，灯管（灯泡）为 S14，水银温度计为 S15，过期药品（化妆品）为 S16。控制流程如下：

S1 闭合，屏幕出现"recyclable"字样，步进电动机正转 90°，后反转 90°回到原来位置；
S2 闭合，屏幕出现"recyclable"字样，步进电动机正转 90°，后反转 90°回到原来位置；
S3 闭合，屏幕出现"recyclable"字样，步进电动机正转 90°，后反转 90°回到原来位置；
S4 闭合，屏幕出现"recyclable"字样，步进电动机正转 90°，后反转 90°回到原来位置；
S5 闭合，屏幕出现"recyclable"字样，步进电动机正转 90°，后反转 90°回到原来位置；
S6 闭合，屏幕出现"wet"字样，使步进电动机正转 180°，后反转 180°回到原来位置；
S7 闭合，屏幕出现"wet"字样，使步进电动机正转 180°，后反转 180°回到原来位置；
S8 闭合，屏幕出现"wet"字样，使步进电动机正转 180°，后反转 180°回到原来位置；
S9 闭合，屏幕出现"dry"字样，使步进电动机正转 270°，后反转 270°回到原来位置；
S10 闭合，屏幕出现"dry"字样，使步进电动机正转 270°，后反转 270°回到原来位置；
S11 闭合，屏幕出现"dry"字样，使步进电动机正转 270°，后反转 270°回到原来位置；
S12 闭合，屏幕出现"dry"字样，使步进电动机正转 270°，后反转 270°回到原来位置；
S13 闭合，屏幕出现"harmful"字样，使步进电动机正转 360°，后反转 360°回到原来位置；
S14 闭合，屏幕出现"harmful"字样，使步进电动机正转 360°，后反转 360°回到原来位置；
S15 闭合，屏幕出现"harmful"字样，使步进电动机正转 360°，后反转 360°回到原来位置；
S16 闭合，屏幕出现"harmful"字样，使步进电动机正转 360°，后反转 360°回到原来位置。

如图 2-7-7 所示为根据流程控制选择的 4×4 矩阵键盘，其原理图如图 2-7-8 所示。

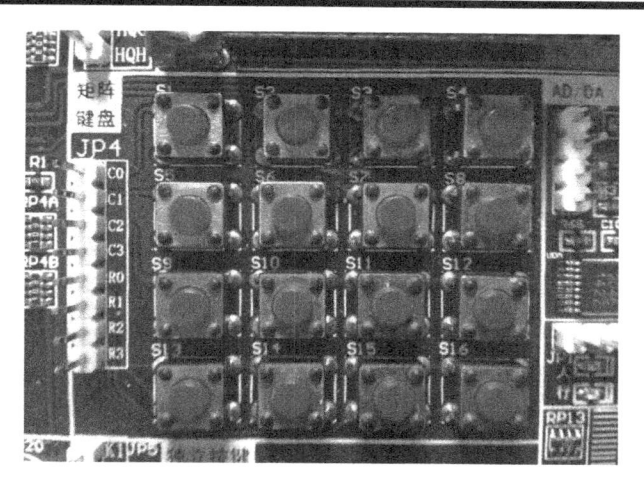

图 2-7-7 4×4 矩阵键盘

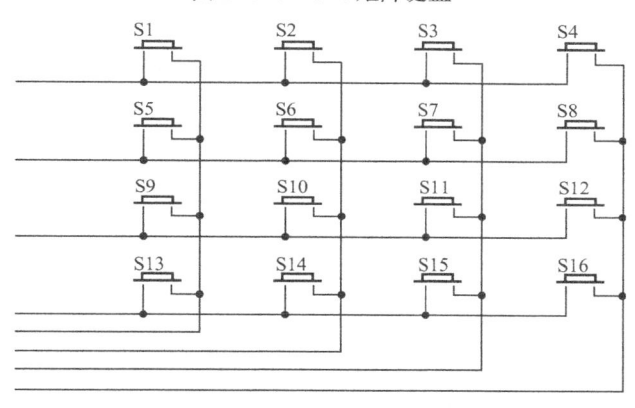

图 2-7-8 4×4 的矩阵键盘原理图

6. Proteus 仿真平台调试控制程序。

Proteus 主要由两个设计系统 ISIS 与 ARES 及 3D 浏览器构成，其单片机部分的设计如图 2-7-9 所示，其键盘部分如图 2-7-10 所示，其 LCD1602 屏部分如图 2-7-11 所示，四相六线步进电动机与步进电动机驱动器 ULN2003A 部分如图 2-7-12 所示。

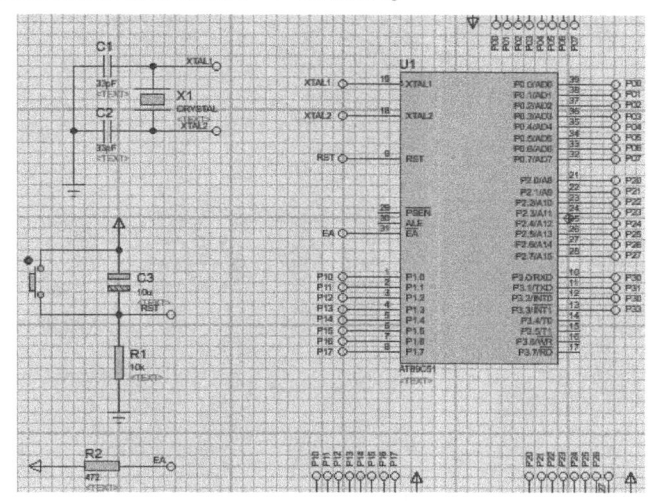

图 2-7-9 单片机部分

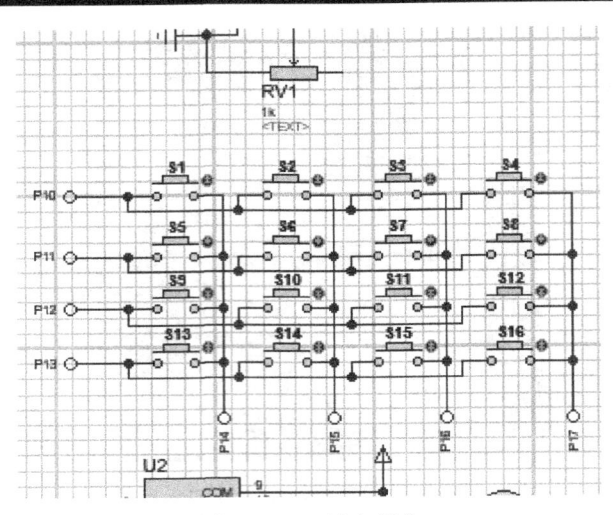

图 2-7-10 键盘部分

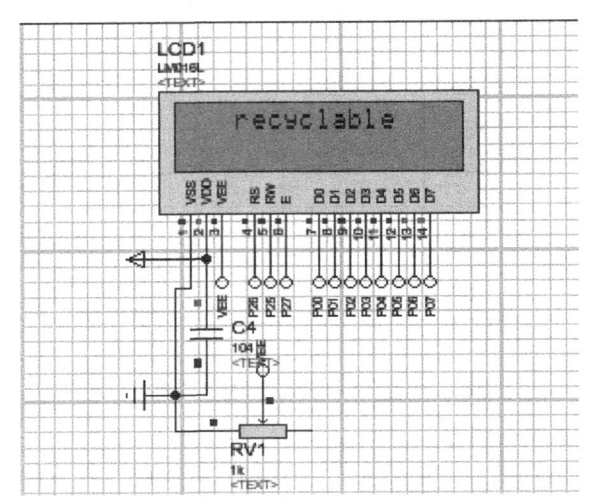

图 2-7-11 LCD1602 屏部分

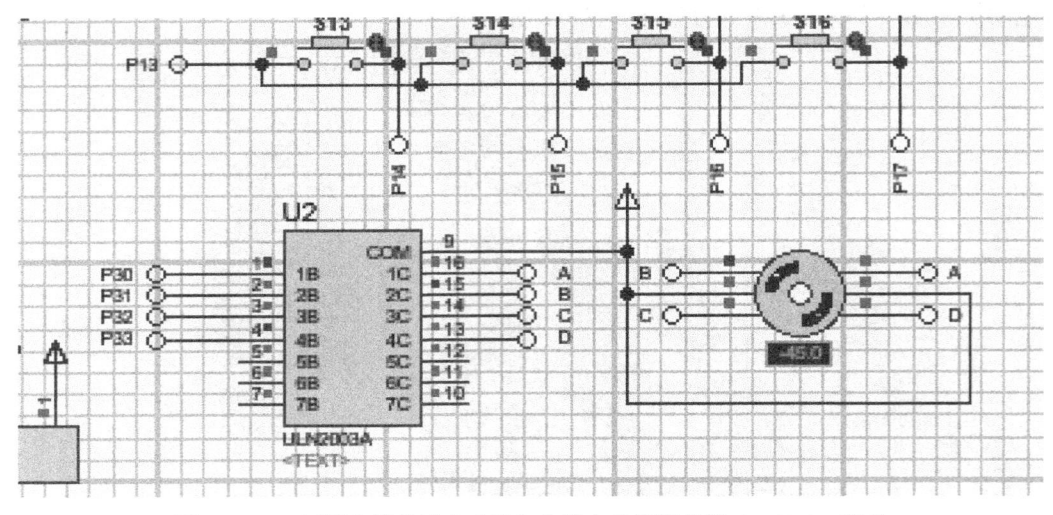

图 2-7-12 四相六线步进电动机与步进电动机驱动器 ULN2003A 部分

在 Proteus 绘制好原理图后，调入已编译好的目标代码文件：design.HEX，可以在 Proteus 的原理图中看到模拟的实物运行状态和过程，分别如图 2-7-13、图 2-7-14 所示。

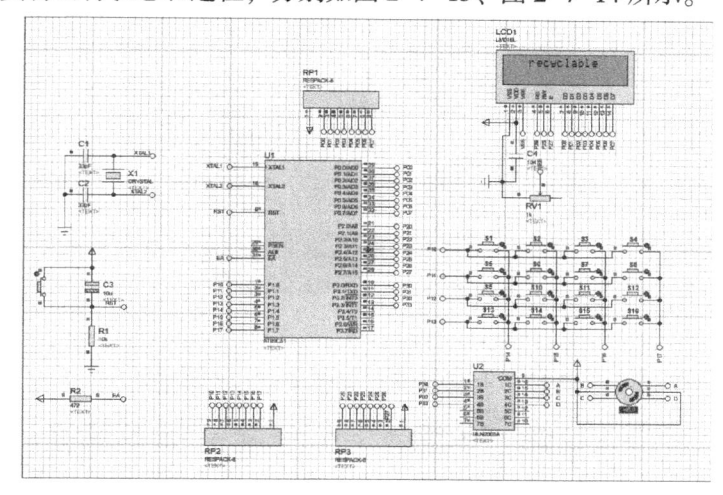

图 2-7-13　S2 闭合时的模拟图

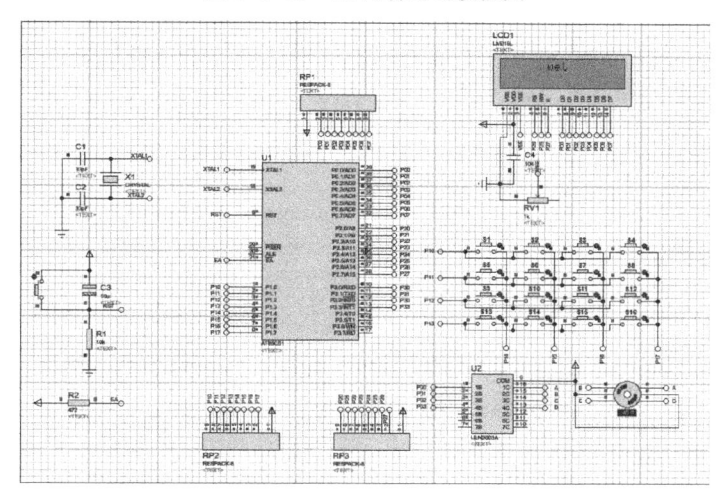

图 2-7-14　S8 闭合时的模拟图

（7）垃圾投放口的转动的控制装置，如图 2-7-15 所示。可采用与此步进电动机 16 个齿相啮合的齿轮连接木棒，木棒与上桶面中心相连。

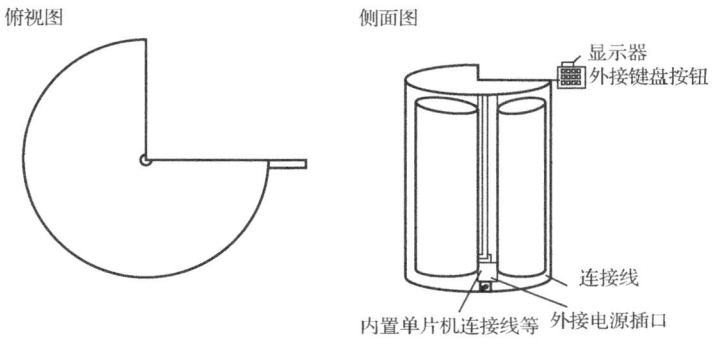

图 2-7-15　外观设计图

(8) 垃圾桶装配设计,如图 2-7-16 所示。

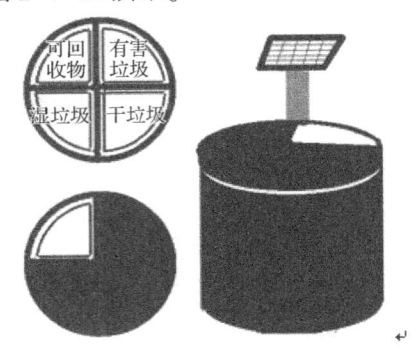

图 2-7-16 垃圾桶装配设计

(9) 烧录程序。利用 PZ-ISP 自动下载软件,如图 2-7-17 所示。

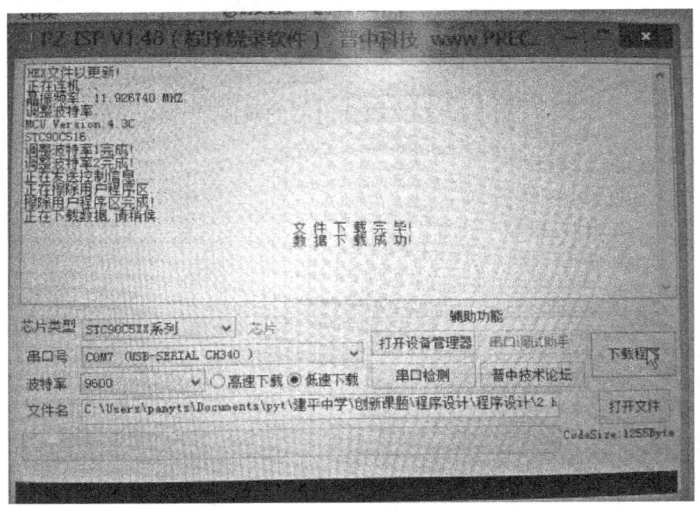

图 2-7-17 利用 PZ-ISP 自动下载软件

(10) 技术路线图,如图 2-7-18 所示。

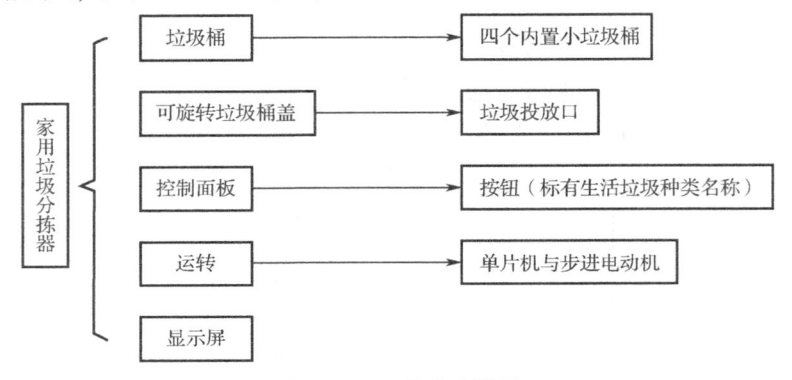

图 2-7-18 技术路线图

(三) 工程应用

(1) 如果使用过程中突然断电,垃圾分拣器会出现位置记忆不准确的现象吗?

提示:在电源掉电和重新加电的过程中,系统电源电压跃变的干扰可能使 RAM 瞬间处于读写状态，总线状态的不确定性往往导致 RAM 内某些数据的变化，即数据受到冲失，使原来 RAM 中的数据遭到破坏。

（2）需要怎么操作才能让它完美工作？

提示：加装复位开关或者增加传感器实现位置记忆。

五、活动剪影

如图 2-7-19、2-7-20、2-7-21、2-7-22 所示为四种垃圾的状态显示。

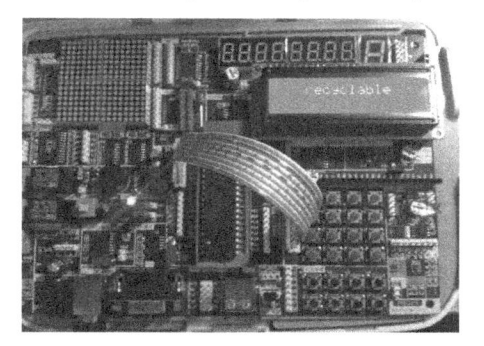

图 2-7-19　表示垃圾可回收

图 2-7-20　表示垃圾为湿垃圾

图 2-7-21　表示垃圾为干垃圾

图 2-7-22　表示垃圾为有害垃圾

课例 8　夜间便携警示标识的设计与销售

一、活动概述

本课例提出了一个具有挑战性的开放式项目：为夜晚外出活动的孩子设计一款便携警示标志，便于他们在夜晚开展团体活动时，更容易找到同伴、更容易被家长或教师识别，从而提高外出活动的安全性。

通过本课例，让学生了解电致发光板的发光原理与电气特点，了解开源可编程光环板的物理特性及开源可编程特性，重温使用电烙铁的注意事项，熟悉简单电路在日常生活中的呈现形式，熟悉各种切割方式的操作步骤和注意事项，培养学生利用生活中常见物品设计并解决日常生活中所遇到问题的能力。通过协同工作，培养学生的组织能力、团体协作能力。通过过程记录和分析，培养学生理性分析及计算能力，促使学生在过程中进行记录、分析、反思，提高学生的科学素养。

二、教学目标

通过完成本课例的实践活动，学生应达到以下三个维度的要求，如表 2-8-1 所示。

表 2-8-1　教学目标

实践任务：研制一款性价比高的夜间便携警示标志，并在网络或学校集市上销售。 活动结束后，学生能够： (1) 正确连接电致发光板； (2) 对开源可编程光环板进行编程并执行程序； (3) 计算产品成本，确定产品价格； (4) 进行产品的宣传和推广工作		
科学与工程实践	学科核心概念	跨学科概念
实物的电路连接、不同材料的组合；对光环板编程，实现不同色光	1. 电势差； 2. 电致发光板的发光原理； 3. 光的传播； 4. LED 灯的工作原理	结构与功能

三、教学过程

如表 2-8-2 所示，本课例的实践活动建议通过 4 课时（共 160min）完成，可根据实际教学情况灵活调整。

表 2-8-2 教学过程

课时	教学环节	教师活动	学生活动
1	课前准备	1. 组织学生进行分组。 2. 组织学生熟悉激光切割机、光环板、电烙铁的操作	1. 进行分组和分工。 2. 熟悉激光切割机、光环板、电烙铁的操作
	明确任务	提出实践任务	为本小组设计体现小组特色,适合制作警示标志的图案
	分析任务	1. 介绍 2D 设计软件的使用。 2. 介绍适合激光切割机切割的图案特点。 3. 指导学生在网络上搜索免费的图片用于设计参考	1. 学习 2D 设计软件的使用。 2. 学习适合激光切割机使用的图案特点。 3. 搜索免费图片用于借鉴
	设计方案	1. 组织学生打印或绘制警示标志的图案。 2. 组织学生比较各类物料的优劣,并选择合适的材料用于后续制作	1. 打印或绘制警示标志的图案。 2. 讨论、比较并选择适当物料
	实施方案		1. 使用美工刀完成图案切割。 2. 在激光切割机上实现图案切割
	测试方案 改进方案	组织学生查看切割后的图案是否符合预期	1. 查看切割后的图案是否符合设计预期。 2. 根据切割出来的图案情况,讨论图案是否需要调整?所使用的物料是否需要调整?是否需要重新切割?是否需要重新设计。 3. 完成一个至多个图案以便于后期比较和销售
2	明确任务	提出任务:将 EL 板与物料结合,制作便携的夜间发光警示标志	1. 将 EL 板与物料结合,或将开源可编程光环板与物料结合。 2. 将 EL 板或开源可编程光环板与电源连接
	任务分析	组织学生分组设计实验开展探究。为了提高研究效率,可由教师统筹分配探究任务	1. 确定选择 EL 板还是光环板。 2. 确定遮光物料。 3. 确定与衣物的连接方式
	提出方案 选择方案	组织学生小组内开展头脑风暴活动,讨论物料选择及其原因	1. 记录确定的物料选择及原因。 2. 讨论实施方案。 3. 综合多方观点选择最佳方案,并简要解释选择该方案的原因。 4. 记录该方案的具体内容
	实施方案	组织学生按照选择的方案分工,动手制作夜间便携警示标志	按照方案中的操作步骤和分工,动手制作夜间便携警示标志
	测试方案	组织学生测试夜间便携警示标志的工艺,对比不同颜色的 EL 板的效果差异	1. 测试夜间便携警示标志的结实程度。 2. 测试光的传播距离
	改进方案	组织学生根据测试的结果对产品进行改进	1. 根据测试结果,对夜间便携警示标志制作方案进行改进。 2. 进行第二轮制作

续表

课时	教学环节	教师活动	学生活动
3	课前准备 任务分析	组织学生计算成本并确定产品包装和产品售价	1. 了解目标客户心理价位。 2. 计算产品成本。 3. 确定适合销售的产品包装形式和价格
3	提出方案 选择方案	组织学生小组内开展头脑风暴活动,讨论销售方案及其原因。最后综合组内意见选择一种方案	1. 由负责销售和宣传的同学组织小组成员进行头脑风暴。 2. 记录讨论过程中提出的不同方案。 3. 综合多方观点选择一个最佳方案,并简要解释选择该方案的原因;记录方案的具体内容,注明所使用的包装、规格、定价等
3	实施方案	组织学生根据所确定方案包装产品,并查验是否符合预期	按照所确定方案包装产品,并查验是否符合预期
4	课前准备	组织学生做好销售和宣传的准备工作	1. 准备用于宣传的网页。 2. 准备用于介绍产品的PPT。 3. 准备制作其他宣传用品。 4. 尝试申请微信公众号。 5. 尝试申请淘宝或微店账号,并将产品上架销售
4	展示成果	1. 组织学生相互体验产品,互相评分。 2. 组织学生进行校园产品销售	1. 面向全校召开"产品发布会",展示活动成果。 2. 申请公众号,发布推文,并在朋友圈等线上推广
4	盘点成绩	组织学生总结活动情况	经过一段时间的销售,计算销售所获利润

四、STEAM 要素

(一) 科学原理

通过本课例,了解电致发光板的发光原理。具体内容参见教学用书第五部分。

(二) 技术难点

(1) 图案设计。提示学生在设计图案时,要留下足够的图案宽度,以免在切割或从切割机上取下图案时,过细的部分容易断裂或卷曲。

(2) 教师示范焊接的操作方法,并在开始焊接前强调电烙铁的安全使用守则。

(3) 使用电熨斗将警示标志烫印在 EL 板上。在烫印开始前,要向学生强调安全注意事项。

(三) 工程应用

在整个工程设计过程中,学生得以了解成本、施工难易程度、施工时间等因素对工程的影响。

(四) 艺术展现

本课例的实践活动中,学生需要搜集图片信息,设计警示图案,制作宣传海报小册子,撰写推文,运营微信公众号、制作宣传用图片等。这些工作都是展现学生艺术才能的好机会。在活动中教育学生树立审美观念,培养学生审美能力,培养学生认识美、创造美的能力。

(五) 数学应用

通过对物料采购成本、工作时间的记录和计算，得出产品的成本。对于时间成本可以以当时当地实习生工资水平对学生时薪进行估算，对产品进行合理定价。同时，可以由学生自行搜索相关工资数据，也可以由教师给定一个时薪进行估算。学生通过搜索相关工资数据，还可以了解劳动力市场状况。

(六) 阅读写作

学生需要通过制作产品说明书、PPT 和微信公众号来展示及销售产品，其中产品说明书属于科学写作。PPT 展示时的演讲词和微信公众号推文写作则属于创意写作。学生可以通过本次活动，学习多种文本的阅读，实际了解两种写作的不同要求。从产品制作和实践中获取写作的素材，提高语言运用能力，提升学生对生产生活的认知能力，对语言文字的鉴赏能力。

课例 9　基于传感器的电磁辐射强度的测量

一、活动概述

电磁辐射是指由场源发出的电磁波中一部分脱离场源向远处传播，而后不再返回场源的现象。电磁波由电场和磁场两部分形成。因此，电磁辐射的强弱由电场强度与磁场强度的大小决定。在自由空间中，电场可以通过静电屏蔽进行隔离，磁场却难被屏蔽。用电场测试仪测电场强度时，因为电场容易被屏蔽，所以电场强度可能为 0；用磁场测试仪测磁场强度时，因为磁场不容易被屏蔽，所以磁场强度不为 0。因此，可以通过测量磁场强度来表征电磁辐射的强弱。从而，我们可以通过测量磁场强度的大小来判断电磁辐射的强弱。

对于高中生来说，他们对于电场、磁场，以及电磁波的相关概念有一定认识，但他们却很少对电场强度和磁场强度进行测量。高中生基于已有的电磁学知识，在教师指导下能将课本知识转换为测量电磁辐射强度的实用方案，在配备了诸如霍尔探头、电流检测微电路与智能显示模块后，能让学生制作出测量磁场强度的传感器，并使用该传感器测量得到环境的磁场强度，从而了解环境电磁辐射的强弱。

二、教学目标

通过完成本课例的实践活动，学生应达到以下三个维度的要求，如表 2-9-1 所示。

表 2-9-1　教学目标

实践任务：制作霍尔传感器和磁通门传感器，测量环境电磁辐射的强度。		
活动结束后，学生能够： (1) 根据测量原理图，制作传感器探头；根据电路图，正确焊接电路板； (2) 应用霍尔定律和法拉第电磁感应定律，制作测量磁场强度的传感器； (3) 应用智能机软件 Phytools 中的 Magnetometer 测量环境的磁场强度； (4) 解决环境电磁辐射强度测量的问题		
科学与工程实践	学科核心概念	跨学科概念
自制霍尔传感器和磁通门传感器，准确测量周围环境磁场强度 H 的大小，了解周围环境的电磁辐射情况	1. 电磁场和电磁波：电磁场包含电场和磁场两部分。根据麦克斯韦方程，变化的电场产生变化的磁场；变化的磁场产生变化的电场。电场和磁场在空间中互相激发，形成电磁波，以光速在自由空间中传播。 2. 霍尔定律：$U_H = R_H \dfrac{IB}{d}$ 3. 法拉第电磁感应定律：$\varepsilon(t) = -\dfrac{D(NBS)}{Dt}$	1. 变化与恒定。 2. 物质与能量。 3. 因果关系。

三、教学过程

如表 2-9-2 所示,本课例的实践活动建议通过 4 课时(共 160min)完成,可根据实际教学情况灵活调整。

表 2-9-2　教学过程

课时	教学环节	教师活动	学生活动
1	确定问题	1. 创设电磁辐射的情境,引发学生对于电磁辐射的思考,激发学生的制作兴趣。 2. 查阅资料并结合所学知识,明确所测的物理量是磁场强度 H	1. 学生进行分组,推选小组长。 2. 各位组员在组长带领下进行头脑风暴,查阅相关资料,思考并讨论测量方案,并将初步方案记录下来
1	方案讨论	1. 启发学生利用所学的电磁学知识,例如,电磁感应现象,对磁场强度进行测量。 2. 收集学生提出的测量磁场强度方案,在班上进行展示和讨论,分析测量方案的可行性	查阅书籍文献,交流、汇报和分享初步的测量方案,聆听其他同学的设计思路,全班进行讨论和分析,确定适合自己小组的测量方案
2	预备工作	1. 讲解电子技术基础知识:电子元器件、模拟电路、功率放大电路、带通滤波、检波模块。 2. 讲解电烙铁的使用方法和安全注意事项。 3. 指导学生练习使用电烙铁	1. 查阅书籍和教师讲解,了解测量原理和微弱电流信号的检测技术。 2. 了解示波器的基本使用方法,练习使用示波器。 3. 练习使用电烙铁进行电子元件的焊接
3	实施方案	把学生分两组:霍尔传感器组和磁通门传感器组。用两组学生制作的传感器同时去测量同一标准磁场,并比较分析。 1. 给每组分发电烙铁、电子元件、示波器、稳压电源等电子制作器材。 2. 指导学生用电烙铁完成电路的焊接,并使用示波器对电路功能进行调试。 3. 使用 LZT-1000 霍尔探头测量环境磁场强度,与其他两个自制传感器的测量结果进行对比。 4. 用智能手机软件 Phytools 中的 magnetometer 测量磁场强度,与其他传感器测量结果进行对比,并分析误差产生原因	霍尔传感器组: 1. 使用 A1104LU 霍尔元器件制作测量磁场强度的霍尔探头。 2. 根据系统设计图,学生使用电烙铁,将电流传感器 ACS712 芯片、A/D 转换芯片 ADC0809、STC89C52 单片机、数据显示模块 LCD1602、电容电阻元件等进行焊接,制作微弱电流放大显示模块。 3. 用制作的霍尔传感器测量周围环境的磁场强度。 磁通门传感器组: 1. 将初级线圈和次级线圈差动式绕在铁芯上,构成磁通门传感器的探头。 2. 按照电路设计图,焊接激励电路并调试,包括信号发生电路、倍频电路和功率放大驱动电路。 3. 按照电路设计图焊接检测电路并调试包括带通滤波、相敏检波电路和移相网络。 4. 按照电路设计图,焊接数据处理与显示模块。 5. 用自制磁通门传感器测量家用电器周围的磁场强度

续表

课时	教学环节	教师活动	学生活动
4	展示成果	1. 明确活动报告的撰写格式和PPT制作要领，布置任务。 2. 确定小组展示次序和时间，组织各小组进行传感器和PPT展示，并给出点评	1. 每个小组展示自己小组完成的磁场测量传感器，并现场测量一些家用电器周围的磁场强度。 2. 小组之间进行横向对比，思考误差产生的原因和改进方法。 3. 谈谈在进行产品制作过程中遇到的困难和收获，以及自己是如何克服困难，最终完成任务的
	反思与评价	回顾并总结整个活动，包括物理部分和电子测量技术部分。对学生的表现进行点评和评价，引导学生总结在此过程中的收获	1. 填写反思表和合作评价表。 2. 反思自己在活动中的表现，在团队协作中的作用，以及如何在项目中表现得更好

四、STEAM 要素

（一）科学原理

测量磁场强度的方法有很多，常用的有基于霍尔效应和磁通门原理的方法。

1. 霍尔传感器

霍尔传感器是利用霍尔效应来测量磁场强度的元件，如图 2-9-1 所示。固体材料中的载流子在外加磁场中运动时，因为受到洛仑兹力的作用而使轨迹发生偏移，并在材料两侧产生电荷积累，形成垂直于电流方向的电场，最终使载流子受到的洛仑兹力与电场斥力相平衡，从而在两侧建立起一个稳定的电势差，即霍尔电压。

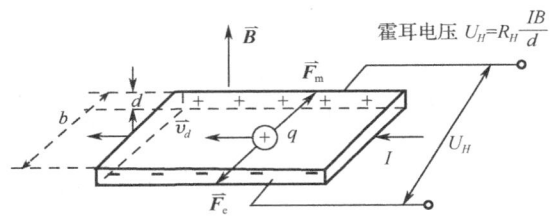

图 2-9-1 霍尔效应的原理图

载流子在电场力和洛仑兹力的作用下，二力平衡：$qE_H=qv_dB$。其中，q 代表载流子电荷量；E_H 代表电场的强度；v_d 代表电子定向移动速度；B 代表竖直方向磁感应强度。又根据电荷守恒定律 $I=qnv_dS=qnv_dbd$，其中，v_d 代表电子定向移动速度；n 为单位体积内载流子的个数；S 为导体的横截面积；b 为元件横向宽度。结合电场强度和电压之间关系 $U_H=E_Hb$，可以得到：$U_H=\dfrac{IB}{nqd}=R_H\dfrac{IB}{d}$，其中，$R_H=\dfrac{1}{nq}$，为霍尔系数。对于某种半导体材料，霍尔电压与磁场强度呈线性关系，通过测量霍尔元件产生的电压，可以得出磁场强度的大小。

2. 磁通门传感器

磁通门传感器基于软磁磁芯材料的非线性磁化特性，核心元件为高磁导率、易饱和的铁磁材料制成的磁芯，如图 2-9-2 所示。将激励线圈和感应线圈围绕磁芯，在交变激励磁场的作用下，磁芯的导磁特性发生周期性的饱和与非饱和变化，从而在感应线圈中感应出与外磁场成正比的调制信号。而该调制信号的各谐波成分中，只有偶次谐波含有外磁场的信息。因此，通过特定的检测电路系统，可以提取外磁场信息，达到测量磁场强度的目的。

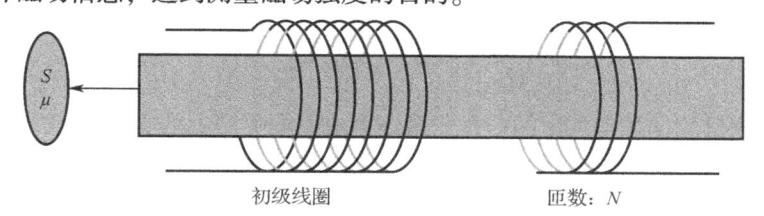

图 2-9-2　磁通门传感器线圈原理图

左侧初级线圈加入激励磁场信号，其中激励磁场强度为：$H(t)=H_0\cos\omega t$，H_0 为激励磁场的振幅；ω 为激励磁场的频率。根据法拉第电磁感应定律 $\varepsilon(t)=-\dfrac{d}{dt}(\mu NSH)$，其中，$H$ 为磁场强度，S 为线圈面积，μ 为磁导率，N 为线圈匝数。代入计算，经过近似可以得到 $\varepsilon(t)=\varepsilon_0(t)+\varepsilon_{\text{ext}}(t)$。

$$\varepsilon_0(t)=\omega NSH_0\left[\left(\mu_{0m}+\frac{1}{2}\mu_{2m}\right)\sin\omega t+\frac{3}{2}\left(\mu_{2m}+\frac{1}{2}\mu_{4m}\right)\sin3\omega t+\frac{5}{2}\left(\mu_{4m}+\frac{1}{2}\mu_{6m}\right)\sin5\omega t+\cdots\right]$$

其中，$\varepsilon_0(t)$ 是由初级线圈感生的电动势，含有奇次谐波分量。μ_{0m}、μ_{2m}、μ_{4m}、μ_{6m} 为偶次谐波分量的磁导率。

$$\varepsilon_{\text{ext}}(t)=NS\omega H_{\text{ext}}(t)\sum_{n\geqslant 1}2n\mu_{2mn}\sin2n\omega t$$

其中，$\varepsilon_{\text{ext}}(t)$ 是由环境磁场产生的感生电动势，只含有偶次谐波分量。通过电子技术测量偶次谐波分量感生电动势，可以得到环境磁场强度 $H_{\text{ext}}(t)$ 的大小。

（二）技术难点

（1）高中生在数学上没有学过正弦函数或余弦函数的级数，对于磁通门传感器原理中的数学推导过程较难理解。

（2）高中生只学过电磁学中恒定电流部分知识，而电子技术知识储备有限，对数字电路、模拟电路和信号检测与分析等大学电子学知识感到陌生。因此，学生很难独立设计出检测微弱电流的电路图，需要在教师的讲解和指导下，形成电路图方案。

（3）高中生很少接触电烙铁，不熟悉电烙铁的使用方法，在焊接过程中缺乏实践经验，根据已有电路图，容易将接线焊接错误，甚至出现短路现象，导致电路板无法正常使用。

（4）高中生较少使用示波器，使用示波器对焊接好的电路板进行电路功能测试时存在困难，需要在教师的指导下，才能正确地完成。

（5）电路板的设计、焊接、调试过程，需要足够的耐心，普通高中学生碰到制作中的困难，有畏难情绪，缺乏毅力，容易失去信心，最终导致放弃这个项目。

（三）工程应用

霍尔器件以磁场为工作媒介，将物体的运动参量转变为数字电压的形式输出，使之具备传感器和开关的功能。霍尔器件的应用很广泛，例如，在现代汽车中的 ABS 系统中的速度传感器、液体物理量检测器、发动机转速及曲轴角度传感器、各种开关，等等。霍尔传感器还可以用于检测磁场和铁磁物质，进行无损探伤，测量位移、压力、加速度等物理量，在现实生活中应用广泛。

(四) 阅读写作

1. 科学阅读

了解测量磁场强度的方法，需要查询并阅读测量工具指导书和文献，从中选取合适的方法制作元件。设计电路也需要阅读模拟电路、信号分析处理等电子技术相关书籍。

2. 科学写作

通过几种不同测量磁场强度方法的对比，最终完成不同传感器的制作过程的报告。报告内容包括活动名称、活动目的、活动原理、活动材料、活动步骤、活动测量结果，等等。

课例 10　如何提高太阳能反光板的发电效率

一、活动概述

现如今，人类生产、生活所依赖的主要能源——化石能源日渐枯竭，但环境污染问题和气候问题变得更加严重。在能源危机和环境污染日益严峻的形势下，太阳能光伏发电技术以其清洁、安全的特性得到了广泛应用和快速发展，然而其依然存在发电效率低、发电成本偏高的问题。

针对此问题，本活动从改变太阳能光伏电池板的反光板布局的角度出发，增加照射到太阳能光伏电池板上的太阳光辐射量，以提高系统的总体有效发电效率，降低发电成本，实现对光伏发电系统性能的改进和优化。本活动将引导学生像工程师一样，提出解决问题的思路，参与活动、项目和问题解决的全过程。本活动与高中物理"电源电动势及内阻的测量"、"练习和使用多用电表"、"光电效应"等模块联系紧密，可在活动时对这部分内容进行学习或复习。

二、教学目标

通过完成本课例的实践活动，学生应达到以下三个维度的要求，如表 2-10-1 所示。

表 2-10-1　教学目标

实践任务：以团队合作的形式设计太阳能光伏电池板的反光板的最佳安装角度，从而将太阳光更高效地聚集到太阳能光伏电池板上。		
活动结束后，学生能够： （1）应用多用电表、电路、物理测量和读数等相关知识来设计、建造太阳光能反射板； （2）测量并记录工程实践的数据，改进设计，实现工程的优化解决方案； （3）解释为什么反光板可以增加太阳能光伏电池板的输出功率； （4）解释太阳能光伏电池板和反光板之间的角度在什么范围内变化时可以在单位时间内使太阳能光伏电池板的电能输出增加或者减少		
科学与工程实践	学科核心概念	跨学科概念
根据工程需求设计方案和制造工具	1. 电源电动势及内阻的测量。 2. 练习和使用多用电表。 3. 电路连接及电流输出。 4. 光电效应	1. 结构与功能。 2. 系统与系统模型

三、教学过程

如表 2-10-2 所示，本课例的实践活动建议通过 4 课时（共 160min）完成，可根据实际教学情况灵活调整。

表 2-10-2　教学过程

课时	教学环节	教师活动	学生活动
1	回顾概念 明确任务	1. 把班级同学分成每两人一组，成员分别担任工程师和助理工程师。 2. 引导学生熟悉活动的背景、目的和任务：工程师会采用不同的方法来使光电转化输出最大化。通过增加太阳光照射到太阳能光伏电池板上的辐射量可以提高太阳能电池板的输出功率。 3. 引导学生温习相关概念，以确保学生能理解这次活动涉及的理论知识，如电路基本知识及连接。 4. 组织学生熟悉本活动用到的各项仪器和工具，明确各项仪器的操作原理和使用方法，如多用电表的使用、挡位调节、读取数据等；指导学生对仪器仪表进行检查。 5. 安全教育：本实验涉及100W白炽灯泡使用，教育学生按规则接好白炽灯泡，尤其要注意灯泡在工作时发热较烫，不可触碰；还涉及电表的挡位选择和读数问题，在保证自身安全的情况下，鼓励学生对待实验器材和太阳能光伏电池板要小心操作，文明摆放，并学习事故排查和检修的小窍门。 6. 在学生完成他们的设计之前，设立活动展示的考核场地。桌子离地面1m高，在桌子上放置灯泡。用隔离带划定一个安全区域，以防止学生移动或触碰到灯泡或太阳能电池板	1. 每组学生讨论分工，分别担任工程师和助理工程师。 2. 跟随老师，熟悉活动的背景、目的、任务。 3. 通过学习，理解本次活动的相关原理，各仪器的操作原理、读数，安全使用等知识。 4. 了解本次活动涉及的器材和工具等资源条件。 5. 要敢于提出问题和大家分享、讨论，想一想自己能通过活动验证自己的问题吗？ 6. 复印一些调查表格。 7. 检查太阳能电池板和多用电表的各项功能是否处于理想的工作状态。 8. 如果在室外，设定多用电表到较高的电流挡位，以适应较高太阳光照强度；如果在室内，用白炽灯泡即可
	任务分析 提出问题	组织学生设计、制造和测试反光板，并研究如何将反光板聚集光照到太阳能电池板上有助于提高输出功率。 1. 如何测量反光板的最佳放置角度？ 2. 除了放置角度外，你认为什么其他因素能影响反光板发挥最佳效果，提高太阳能光伏电池板的输出电流？ 3. 如果反光板被安放在屋顶的固定平板上，当太阳在空中改变位置时，你认为输出电流会受到什么影响？在工程实践中有什么解决办法？ 4. 检测反光板的最佳聚光效果时，是否需要控制其他因素相同，例如，太阳能光伏电池板的位置，光源与太阳能光伏电池板的距离，设置多个用电表为相同的挡位等	记录老师提出的问题，并想一想自己能否提出其他问题。学生带着这些问题，初步思考，并检查自己是否理解和了解相关知识和概念
	方案 构思	1. 小组头脑风暴，集思广益，写出设计思路。 2. 召集学生一起回顾操作步骤，引导最终设计的开展。 3. 每组同学要制定计划对设计中的一些方面进行检测。 4. 留时间给每组同学去收集用于检测的材料和工具	小组设计自己的太阳能光伏电池板的反光板的安装设计解决方案，与全班分享
	方案的论 证和选择	1. 讨论项目的限制条件和要求（实践中工程设计是有限制条件和要求的）： （1）设定项目期限； （2）限定材料的数量和尺寸； （3）铝箔需要包裹在纸板上，不能分开使用； （4）铝箔能起到反射光的作用。 2. 让学生熟悉活动材料和器材，指导学生考虑实际情况，确定将何种设计方案用于实践活动中	小组集体讨论一些可能的设计方案可行性，并能根据设计方案的要求，理清活动需要的仪器和工具

课时	教学环节	教师活动	学生活动
2	实施方案	1. 召集学生一起回顾操作步骤，引导最终设计的开展。 2. 在实验之前，让每一组对其设计做一下简单的介绍，并回答同学提出的问题。 3. 分发记录表格给学生，用于记录实验数据并估测输出电流。 4. 指导学生根据自己的设计方案对反光板进行组装。 5. 设计的反光板必须是独立的，并不依赖于特定的太阳能电池板。本次活动的设计必须让太阳能电池板平放在地面上，控制太阳能电池板的影响因素相同	学生根据老师的指导，结合自己团队的设计，进行组装安装操作
2	测试方案	1. 告诉学生，在测试之前运用光伏反射技术的知识去估算每一块太阳能光伏电池板及其反射系统的输出电流，当一组学生展示其设计方案时，猜测其产生的电流，并记录在册，训练学生有较精确的估测能力，像一位工程师一样，深刻理解太阳能聚集系统的工作原理。给学生时间记录数据和电流估算值。 2. 让一部分同学在全班同学前分享其估算值（这有利于提高同学的兴趣和积极性）。 3. 先不放置反光板，测量太阳能光伏电池板的输出电流，在表格上记录输出电流数据，然后关灯。 4. 把反光板置于太阳能光伏电池板之上，按照设计的角度放置，然后开灯，学生在记录表上记录夹角和输出电流（测试的时候，需要一位同学握住反光板）。 5. 让学生在记录表上完成数据运算。 让每一组重复以上操作步骤，确保每一组同学在活动展示中不会撞击或移动到物品	跟随老师的指导，完成对所设计的方案的测试，并记录相应的数据。在测试过程中，面临的问题和数据的变化也要注意观察，分析变化原因，以备改进方案
3	改进方案	工程师很少在第一次尝试时就做出最好的设计。在这个设计项目中，要让学生知道需要对所设计的方案进行多次测试。 1. 每一次都试着看能不能找到一种方法，使你的设计更好一点。但在实际工程中要考虑时间限制。 2. 确保在制作最终的反光板前，学生们已经充分地测试过自己的设计。例如，测试不同的反射角度，或者测试铝箔的多少带来的影响；尝试不同形状的反光板，或者看看如果弯曲它们会发生什么变化。 3. 只要材料和时间允许，就可以完全自由地对设计进行创造，目的是能使太阳能电池板的电量输出最多	学生根据数据和观察的现象，对设计进行改进和优化
4	展示成果	每一个班讨论这次太阳能光伏板的反光板设计的测试结果，让学生回答在这次活动中的收获，让做得较好的几组团队充分展示他们的实际成果	每一个班讨论这次太阳能光伏电池板的反光板的设计测试结果，学生回答在这次活动中的收获
4	反思与评价	和每一组工程师团队交谈，看一下他们是否理解相关概念并能正确记录数据。让正确组装成功的小组分享经验	学生根据提问和自己记录的数据，回答相关问题

四、STEAM 要素

（一）科学原理

太阳能光伏电池板是把太阳能转化为电能的装置。目前太阳能光伏发电依然存在效率较低的问题，因而提高太阳能光伏电池板的效率很重要。从改变太阳能光伏电池板反光板结构布局的角度出发，工程师会采用不同的方法来使电能输出达到最大化。我们将设计、制造并测试小型反光板，来研究如何将反射光和聚集光照到太阳能板上有助于提高输出功率。

（二）技术难点

万用表中不同设置具有不同含义，熟练使用万用表对高中生来说，有一定的难度。本活动需要测试的是直流电流，因此需要根据光的能量、太阳能电池板的效率、灯与太阳能电池板之间的距离选择电流挡位。

（三）工程应用

1. 为什么工程师要设计、建造并检测太阳能光伏发电系统？

提示：增加照射到光伏组件上的太阳光辐射量，以提高系统的总体有效发电量，降低发电成本，实现对太阳能光伏发电系统性能的改进和优化。

2. 什么是平面光伏反射镜？

提示：通过光的反射把光聚集在光伏太阳能电池板上的某种材料做成的面板。

3. 在实际工程应用中，太阳光照受季节和日照时间及强度影响，你能否提出合理的解决方案？

提示：例如，太阳能光伏电池板和反光板固定安装时的年最佳设计倾角，还可以尝试不同形状的反光板，或者看看如果弯曲它们会发生什么。只要材料和时间允许，你就可以完全自由地对设计进行创造。工程设计的出发点就是能够使太阳能光伏电池板的输出功率最大。

4. 数学应用

实际工程中涉及的数学应用有量角器的使用，几何关系的应用，数据计算，数据分析和统计，等等。

六、活动展例

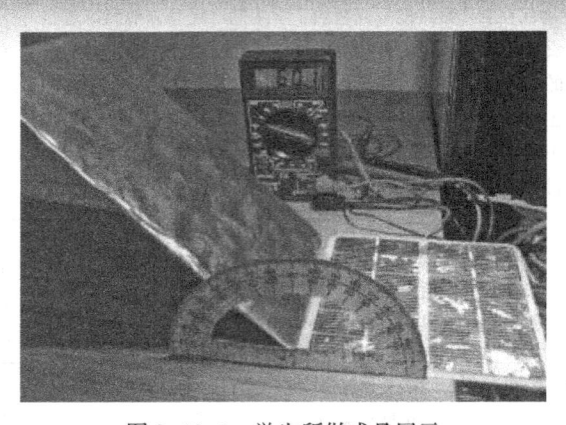

图 2-10-1　学生所做成品展示

课例 11　制作"超级马里奥兄弟"游戏实景体验端

一、活动概述

最早记录的电子游戏——井字棋游戏（Tic-Tac-Toe）诞生于 1952 年，它运行于真空管计算机上，是一种随科技发展而诞生的文化活动。现如今，随着科技的发展，电子游戏的内容和功能更加丰富、画面场景和操作平台更加多样，具有更加真实的直观体验。

本课例尝试制作一个特别的游戏体验端——使用 MaKey MaKey 主板设计游戏实景体验端。人在体验端上做出向前走、向后退、向左走、向右走等功能性动作时，游戏里的人物将做出相同动作。选取经久不衰且动作简单的"超级马里奥兄弟"游戏，在计算机上操作该游戏只须按上、下、左、右和空格这五个键，正好与 MaKey MaKey 主板的控制按钮一致。本活动综合应用电学知识，结合 MaKey MaKey 电路板的特点，设计出能完成具体任务的电路。同时，应用激光切割、3D 打印等技术对控制端进行精确的设计与制作，使其更美观。

通过将电路图转化成具有真实功能的控制端时，学生的建模思维将得到训练和提升。学生还将发现，让游戏从屏幕里"走出来"并没有那么难。轻松、简单、有趣的电子产品控制端制作，创意和创作的零门槛，让学生体会到创新发明的乐趣，意识到每个人都有可能成为发明家。

二、教学目标

通过完成本课例的实践活动，学生应达到以下三个维度的要求，如表 2-11-1 所示。

表 2-11-1　教学目标

实践任务：用 MaKey MaKey 主板设计游戏实景体验端，人在体验端上做出功能性动作，游戏里的人物将做出相同动作。活动结束后，学生能够： （1）综合应用电学知识； （2）运用激光切割、3D 打印等技术将 Inkscape 软件设计好的图案制作出来； （3）使用 MaKey MaKey 主板设计简单的体验端		
科学与工程实践	学科核心概念	跨学科概念
建立和使用模型	1. 导体 　导体是指电阻率很小且易于传导电流的物质。导体中存在大量可自由移动的带电粒子。在外电场作用下，带电粒子定向运动，形成明显的电流。 2. 电路 　由金属导线、用电器组成的导电回路称为电路。在电路输入端加上电源使输入端产生电势差，电路连通时即可工作。 3. 串联 　几个用电器沿着单一路径互相连接，每个节点最多只连接两个用电器，此种连接方式称为串联。 4. 并联 　将两个用电器首首相接，尾尾亦相连的连接方式	1. 结构与功能。 2. 系统与系统模型

三、教学过程

如表 2-11-2 所示，本课例的实践活动建议通过 5 课时（共 200min）完成，可视实际教学情况灵活调整。

表 2-11-2　教学过程

课时	教学环节	教师活动	学生活动
1	明确任务	【提出任务】 情景引入，让学生了解"超级马里奥兄弟"这个游戏的闯关方式，并提出任务要求——人在体验端上做出功能性动作，游戏里的人物将做出相同动作，并实现游戏功能。	了解"超级马里奥"游戏的操作方式，以及本次活动的要求
	任务分析	【问题拆分】 教师需帮助并指导学生将问题拆分为四部分。 1. 根据游戏操作的方式分析电路功能，建立电路的理论模型。 2. 根据电路结构与功能，设计出有绝缘功能、并能使电路流通的外部模型。 3. 根据设计，利用激光切割等技术精确的制作模型。 4. 测试并修改模型，直到模型可以完成相应功能，并在能完成功能的基础上进一步美化模型	学生小组讨论，对问题进行梳理和拆分，明确需要应用到哪些知识和技术。这些知识和技术中哪部分已经学过，哪部分需要教师帮助才能掌握
	回顾概念	1.【知识回顾】 教师根据学生拆分问题的方式，引导学生回顾在本次活动中需要应用的知识。 2.【介绍工具】 MaKey MaKey 主板、激光切割技术，是学生此前未接触过的新技术。这些技术需要教师对学生进行讲解，并给学生体验新技术的机会。 Makey Makey 主板工作原理：用任意平面代替键盘功能（导体、电路）。 激光切割技术是利用 Inkscape 等软件精确设计图案的尺寸、形状然后用机器进行激光切割等技术。 3.【使用工具】 Makey Makey 左边的四对连接点对应键盘上代表"上""下""左""右"的四个键，用来控制方向；右边两个圆形的两对连接点依次对应键盘上的空格键和鼠标的左键；最下面一排的五对连接点表示地线。 使用时 Makey Makey 电路板时，先用 USB 连接线将 Makey Makey 电路板连接到计算机，然后使用鳄鱼夹将功能区连接点与地线连接。 在鳄鱼夹连接的部分可以填充各种各样的导体，通过不同的操作使电路形成通路，从而操作计算机。	梳理相关电路原理及电路特点（形成通路的条件、导电要求） 【阅读 & 快速学习】 搜索、阅读相关材料，形成关于 MaKey MaKey 主板的认识（工作原理、使用方法）。 搜索、阅读相关材料，掌握 Inkscape 等设计软件的使用方式。 【知行合一】 体验 makey makey 的基本功能；寻找身边的导体

续表

课时	教学环节	教师活动	学生活动
2	提出方案	【指导学生设计】 从功能进行分析 1. 前/后/左/右按钮被踩下时学生前/后/左/右键和电源形成通路；学生起跳时，空格键和电源形成通路。 2. 基于这一功能踩住方向键形成通路；不触碰空格键形成通路。 总结：前/后/左/右/空格，这五个功能键可独立工作，故以上电路并联	设计3~5个基本电路并考虑各个按钮功能，与相应电路的工作状态；寻找合适的导体做成鞋底装置
2	选择方案	【细节优化】 教师需要引导学生思考： （1）如何选择最佳导体材料（从导电性能、市场价格、材料的耐高温、耐磨损程度综合评价） （2）导体材料置于哪些位置时用户体验更佳，导电性能更流畅	【调研与筛选】 （1）调研并对比市场价格，测试并筛选最佳导体材料用于体验端的制作。 （2）研究人走路的习惯与受力部位，选择脚底粘贴导体的最佳部位，使导体能与电路连接形成通路
2	实施方案	【方案制作】 （1）梳理具体制作流程； 前/后/左/右按钮被踩下时，电路形成通路。可将以上按钮制成工作电路里的一段导线部分，与工作电路串联，导电部分为鞋底部分。 使用铜贴纸等材料，对连接部分进行到导电。 （2）指导学生利用Inkscape等设计软件，设计产品外观，并利用激光切割等技术完成模型的切割与拼接； （3）引导学生在模型的连接处进行加固。对于进度很慢或实践中测试失败的小组，帮助排除故障，并给学生分析故障原因并给出相应建议。 学生的问题可能出现在起跳部分。 方法一：人跳起时，可将跳起按钮计为短路电路，与工作电路并联。即，当跳起按钮被按下时短路部分电路工作；跳起按钮被松开，短路失效，电路工作（注意保护电路）。 方法二：将跳起按钮做成可被踩下的凸起导体，串联在工作电路中。当跳起按钮被踩下时，电路断开，不实现跳起功能；当跳起按钮被松开，电路闭合，实现跳起功能（此处要求比如按钮周围导电良好）。 （4）帮助推进学生的制作	利用力学、压强等原理，结合激光切割等技术，完成Makey Makey电路板与外部导线的连接；完成外部的模型制作，尽量达成坚固美观的要求。产品具备实景体验的雏形，可基本实现游戏功能
3	测试方案	【产品测试】 （1）组织学生测试产品，确认产品可以实现基本功能——当人在实体端作出功能性动作时，电路能操控游戏里的人物也进行同样的动作。 （2）用不同小组的作品去体验游戏，对比哪组小组的作品体验最好，好在哪里	实现作品的基本功能，并分别体验自己小组、其他小组的作品，对比分析，相互学习

续表

课时	教学环节	教师活动	学生活动
3	改进方案	【方案优化】 　　对未能完成产品功能的小组，教师需要帮助学生排查故障，并引导学生快速改造产品，尽可能实现产品功能。 　　对已完成产品功能的小组，教师需要发现产品的安全隐患，引导学生针对裸露的电线等部分做进一步的安全加固与美化 【再次测试】各小组测试优化后的产品并针对改进的地方对比	优化功能； 美化雏形； 再次测试
	展示成果	【组织学生进行小组展示】 　　每个小组轮流介绍作品、组员分工、团队合作，并体验游戏、展示本组产品的实际操作。	每个小组共同展示作品
4	反思与评价	教师通过自评、互评、全班投票等方式，引导学生进行过程性评价、结果性评价。具体流程如下 　　（1）评选出操控最佳小组、外观最有趣小组（结果性评价）。 　　（2）每个小组内进行组间交流——遇到的问题、如何解决问题、如果能重来一次会在哪个部分进行改进（过程性评价）。 　　（3）学生自评在本次活动中的表现（自评） 　　（4）小组成员相互评价每个成员在本次活动中的表现，并讨论作品的意义与未来价值	评选出最佳产品；讨论并反思本小组在整个项目过程中的优势与不足；针对小组合作中发挥的作用进行自我评价

四、STEAM 要素

（一）科学原理

　　电学是物理学中具有重要意义的基础学科，主要研究"电"的形成及其应用。电学的每项重大发现都引起广泛的实用研究，并促进科学技术的飞速发展。在当今时代，无论人类生活、科学技术活动及物质生产活动都已离不开电。

　　本课例电学原理中的核心在于导体的选择。而 MaKey MaKey 是麻省理工设计出的一块电路板。它的左边的四个按钮是用来控制方向的十字键，右边两个圆形中的按钮分别连接计算机的空格键和鼠标左键。MaKey MaKey 几乎可以将身边所有的物体变成触控板。因为对于任何导体来说，只要用鳄鱼夹导线将物体与电路板上的各个控键相连，然后再连接计算机，就可以形成电流通路，控制计算机，达到触摸板的效果，甚至表面湿润的绝缘体也可以实现上述功能。

（二）技术难点

　　本次活动主要分为两个环节，（1）设计电路；（2）将电路转化为具有真实功能的作品。

　　设计电路的环节综合性较强，涉及多种电学知识和概念，学生在设计等过程中会因为忘记某个知识点，而想不出能解决问题的电路设计。同时，在本活动的具体情境中，上下左右按钮与空格键按钮运作方式相反。人踩住上、下、左、右按钮时相应电路工作，而人起跳、不触碰空格键按钮时相应电路工作。这就需要学生要具体考虑，按钮所在的电路应该并联还是串联，通过导体将电路接通时，该段电路应处于工作状态还是短路或断路状态。

　　在第二个环节，将电路图转化成具有真实功能的作品。这一环节需要学生在多种选择中测试筛选出最合适的导体材料，并且根据设计好的电路在众多导线中用鳄鱼夹对 MaKey MaKey 电路板进行正确的连接，同时操作使用激光切割机、电锯等工具动手制作游戏实景体验端。在这一环节，需要学生了解并使用新工具——激光切割机和 MaKey MaKey 电路板。学生之前未接触过这些具有独立的操作系统和操作方式的工具，无法借鉴从前的经验，需要从零开始学习，并且在动手过程中熟练使用。

（三）工程应用

在将设计好的电路结构转化为作品的环节，学生发挥从平面到立体、从理论到实物的建模能力和动手实践能力。在检查电路连接的环节中，学生将连接好的多条鳄鱼夹导线、游戏实景体验端的导电部分、MaKey MaKey 电路与设计的理论电路模型进行对比。作品在测试阶段，接触不良或没有反馈时，学生需要对实物进行分段，并进行电学的故障排除及检修。

（四）阅读写作

查阅 MaKey MaKey 相关资料，学习并记录其工作原理及使用方法，在学习的过程中总结归纳并应用新的知识，形成学习报告，并以小组展示的形式进行全班交流。在交流的过程中，聆听的小组可向展示小组提出疑问，并补充该小组未提到的 MaKey MaKey 的功能及性质。

（五）社会人文

让学生思考，电子游戏风靡世界大环境下人们的价值取向。一方面，电子游戏容易让青少年甚至中年人沉溺其中，荒废学业、事业，长期长时间打电子游戏有损身心健康。另一方面，电子竞技等世界级比赛的确立，也宣告着信息时代产生了新的主流娱乐方式。随着电子游戏在人类生活中越来越流行，电子游戏的种类和操作方式呈爆发式增长的形势，甚至国内的一些学习软件将知识点与电子游戏相结合以提高学生的学习兴趣，电子游戏在未来世界将具有更大的社会价值与社会功能。

课例 12　兰花自动浇水设计

一、活动概述

本课例将带领学生们设计一个适合兰花生长习性的自动浇水系统，科学控制兰花浇水量，让兰花在自动浇水系统的浇灌下能够健康生长。

以数字信号为特征的现代信息技术在迅猛发展，计算机、数码相机、移动电话、数字电视等与数字信息有关的电子产品，已经深入我们的生活。数字信号在变化中只有两个对立的状态"有"或者"没有"。处理数字信号的电路叫作数字电路，具有逻辑功能的数字电路叫作逻辑电路。

考虑到逻辑门电路中的"与"门的控制方式正好符合要求，所以本项目引入逻辑"与"门电路，同时使用光敏传感器和湿度传感器采集"与"门的输入信息。

本课例集植物常识、现代科学和中国古代文化为一体。学生首先要初步了解兰花的种类及需求特点，尝试使用逻辑"与"门电路和相关传感器设计电路给兰花自动浇水，拓展与兰花有关的诗文和中国画。本项目注重知识的综合与应用、文化的传承，让学生在成长中接受传承，在传承中润泽心灵。

二、教学目标

通过完成本课例的实践任务，学生应达到以下三个维度的要求，如表 2-12-1 所示。

表 2-12-1　教学目标

实践任务：设计和制作适应于兰花的自动浇水系统。		
活动结束后，学生能够： (1) 了解兰花的生活习性，会使用"与"门设计满足需求的电路； (2) 通过设计自动浇水系统，掌握工程设计方法； (3) 通过养育兰花、设计自动浇水系统，培养学生的耐心与责任心，体会逻辑电路在现实生活和生产中的意义		
科学与工程实践	学科核心概念	跨学科概念
1. 设计和制作电路。 2. 开发和使用模型	1. 逻辑门电路：在数字电路中，只能实现基本逻辑关系的电路。 2. "与"门：执行"与"运算的基本逻辑门电路	1. 结构与功能。 2. 系统与系统模型

三、教学过程

如表 2-12-2 所示，本课例的实践活动建议通过 2 课时（共 80min）完成，可视实际教学情况灵活调整。

表 2-12-2 教学过程

课时	教学环节	教师活动	学生活动
1	明确任务回顾概念	任务：设计适应于兰花的自动浇水系统； 介绍兰花在中国文化史上的相关知识； 引导学生了解兰花的生长习性。 复习简单的逻辑电路和传感器的知识	通过网络或图书资料查询兰花的生长习性、品种（最好安排学生在课前完成）
	任务分析	要设计一个能够给兰花自动浇水的控制系统，必须让系统"知道"什么时候需要浇水，如何控制电路的通断，如何控制浇水量等问题。重点分析以下几个问题： 1. 早上浇水有利于植物的生长，我们需要一个可以识别"早上"的装置，如光敏传感器。 2. 为防止兰花的根因为土壤长期过湿而腐烂，可选择土壤干透的时候给兰花浇水。因此，还需要一个可以识别土壤干湿程度的装置，如湿敏传感器。 3. 结合以上两点，设计的自动浇水系统应满足"早上"且"土壤干燥"时浇水，这刚好是"与"门逻辑关系。所以要用到"与"门——"早上"和"土壤干燥"是"与"门的两个输入信号，光敏传感器和湿敏传感器通过特定的电路连接"与"门的输入端。输出端则与控制浇水电路的开关相连。当两个输入信号"早上"、"土壤干燥"都为"1"时，输出信号为"1"，浇水电路开关闭合，水泵通电，通过导管给兰花自动浇水。 4. 兰花对水分的要求比较高，一般是"八分干，二分湿"。电路控制浇水之后，要考虑何时断电停止浇水。所以，要在输入端接入可调电阻元件，结合实践反复调整可调电阻元件的阻值，使"湿敏传感器"探测到土壤湿度达到80%的时候，输入信号变为"0"，这样输出信号也为"0"，控制浇水的电路开关断开，停止浇水。 5. 当制作好自动浇水控制系统后，要检验系统能否按照要求浇水，这要求我们在实验室里能够控制光照条件和土壤湿度，所以在空花盆里装入适量的沙子，用足够大的纸箱盖住，并在纸箱里安装上可调节亮度的照明电路。 教师引导学生讨论任务中的环节，巡视学生讨论情况，给予学生适当帮助	学生分组讨论，设计兰花自动浇水系统需要用到哪些材料，想要达成什么效果，可能会遇到什么难题
	提出方案	根据上文对问题的研究，我们开始设计制作控制系统的方案。 1. 设计电路简化原理图。浇水系统在"早上"且"土壤干燥"时，自动给兰花浇水，所以电路可以简单分成两部分：一部分是控制电路——用于控制浇水系统在满足条件的情况下浇水；另一部分是浇水电路——用于控制水泵浇水。可以使用电磁继电器接在"与"门的输出端，从而控制浇水电路的通断。 2. 完成浇水控制系统后，还要检测系统能否按要求浇水，所以还需要设计一个检测电路——安装在纸箱内部的可调节亮度的照明电路。 3. 引导学生通过查阅资料分析如何选择湿敏传感器和其他材料。 教师观察学生的电路图，询问学生在方案里怎样使用逻辑"与"门电路，加深学生对门电路知识的理解。对于明显不合理的部分，给予一定的指导	学生根据任务分析中的要点，设计兰花自动浇水的电路图和实物草图

续表

课时	教学环节	教师活动	学生活动
1	选择方案	教师巡视教室，记录学生实验方案中使用到的元器件。告知学生下次课前准备好空花盆和干燥的沙子（教师下次课前也应准备好充足的实验器材）	学生小组内选择最合适的方案。根据所设计的电路图画实物草图。下次课前小组准备好空花盆和干燥的沙子
2	实施方案	1. 电路的初步制作。指导学生根据设计好的实物草图制作兰花的自动浇水系统，包括控制电路、浇水电路和检测电路。注意：在制作电路时，使用的导线长度和其他部件的尺寸要考虑到电路固定在纸箱和花盆等实物上的间距和布局，在使用电烙铁焊接电路的过程中安全用电，小心使用，以免被烫伤。 2. 电路与花盆、纸箱等实物之间连接固定。把控制电路的湿敏传感器安装在靠近花盆底部的适当位置处，光敏传感器固定在花盆处的某处，再往花盆里装满干燥的沙子。浇水电路与水泵、导管连接好，将水泵放入装满水的水槽中。 3. 教师分发实验器材，巡视学生的电路制作情况，记录可能出现的错误操作，在总结时与学生一起分析。对于带电的危险操作，应立即制止	学生领取实验器材，根据设计的电路图制作电路，并根据实物草图在空花盆里装上沙子，在水槽里装上水，安装固定好所有的仪器或元器件
2	测试方案	教师来回巡视，观察学生自动浇水系统的测试情况	学生检查电路无误后，先用纸箱罩住花盆和自动浇水系统，调节纸箱中的光照强度，观察自动浇水系统能否按照预期的要求给花浇水
2	改进方案	教师巡视学生的完成情况，根据学生的需要给予一定的指导	学生小组内根据测试情况和实际要求调整电路，至满意为止
2	展示成果	评价每个作品，并引导学生思考作品的优势与可改进之处	通过图片或实物向同伴展示自己的兰花、诗文、电路设计图、实物设计图、以及向其他小组展示本小组制作的兰花的自动浇水模型
2	反思与评价	教师指导学生填表	完成标准化小测试和任务评估

五、STEAM 要素

（一）科学原理

本课例考虑到逻辑门电路中的"与"门的控制方式正好符合自动浇水的设计要求，所以引入逻辑"与"门电路，同时使用光敏电阻器和湿度传感器采集"与"门的输入信息，选用土壤湿度传感器来检测土壤的水分含量。

光敏电阻器又称光导管，特性是在特定光的照射下，其阻值迅速减小，可用于检测可见光。光敏电阻器是利用半导体的光电效应制成的一种电阻值随入射光的强弱而改变的电阻器；入射光强，电阻减小，入射光弱，电阻增大。光敏电阻器一般用于光的测量、光的控制和光电转换（将光的变化转换为电的变化）。

土壤湿度传感器又名土壤水分传感器、土壤墒情传感器、土壤含水量传感器，主要用来测量土壤相对含水量，做土壤墒情监测及农业灌溉和林业防护。土壤湿度传感器利用FDR频域反射原理工作。利用电磁脉冲原理，根据电磁波在介质中传播频率来测量土壤的表观介电常数，从而得到土壤相对含水量，具有简便安全、快速准确、定点连续、自动化、宽量程、少标定等优点，是一种值得推荐的土壤水分测定仪器。

（二）技术难点

在电路设计中，如何在白天且花盆土壤干燥时启动浇水系统，这是本项目中的难点。其中涉及两个问题：光敏电阻元件所在的线路如何在白天时向"与"门输入高电平？湿度传感器如何在土壤湿度足够时向"与"门输入低电平？这两个问题都需要计算和反复调试可调电阻元件的电阻值，需要学生有足够的耐心和计算能力及抗挫折能力。另外，温度传感器安装在花盆的哪个位置比较合适？同样也需要学生根据现实情况仔细观察、分析、调试。目前市场上的湿度传感器产品长期稳定性都不理想，若长期使用，会影响自动浇水系统的准确性。（关于这一点可向学生介绍历史上刚出现的发电机、电灯的工作状态及其使用价值，引导讨论是否有必要制作自动浇水系统，鼓励学生向困难发起挑战，做时代的开创者。）

（三）数学应用

在设计电路图中，想要光敏电阻元件与湿度传感器能如预期控制电路通断，需要估算出可调电阻元件的阻值。

（四）艺术展现

中国文人历来把兰花看作高洁典雅的象征，并与"梅、竹、菊"并列，合称"四君子"。通常以"兰章"比喻诗文之美，以"兰交"比喻友谊之真；还有借兰花来表达纯洁的爱情。本项目课后要求学生完成以下三个任务：

（1）查询书籍或互联网，至少了解10首与"兰"有关的诗词。

（2）找一首诗或自己创作一首诗赞美自己养育的兰花。

（3）临摹或创作一副兰花图。

（五）阅读写作

要求学生查询与"兰"有关的诗作，挑选或创作一首形容自己的兰花的诗文。

课例 13　多功能折叠鞋的设计与制作

一、活动概述

在购买鞋子的时候，我们往往会考虑两方面的因素：一是美观性，二是舒适度。从日常经验发现，鞋子这两方面的特性很难兼具。例如，女生穿高跟鞋是无法跑步的。运动鞋舒适性很好，跑步健身必备，但无法搭配正装。所以我们需要各种类型的鞋子，也需要更多的空间存放鞋子。

能不能增加鞋子的功能，将高跟鞋和运动鞋融合成为一双鞋子？高跟鞋的鞋跟可以折叠或者拆卸，这样的多功能鞋子将会既时尚美观又舒适。设计这样的鞋子既可以节约存放鞋子的空间，也可以使自己的日常生活更加方便，在各个场合中自由切换鞋子的功能，而不需要额外多准备鞋子。在研究制作多功能鞋子的过程中，学生逐渐掌握样品制作技术并具备工程设计能力。作为项目式学习，最终学生会举办多功能折叠鞋的产品发布会，来展示和销售样品。同时，教师需要指导学生拍摄多功能折叠鞋的展示图并拍摄短视频，在销售发布会上配以广告词进行宣传。

二、教学目标

通过完成本课例的实践活动，学生应达到以下三个维度的要求，如表 2-13-1 所示。

表 2-13-1　教学目标

实践任务：基于 CAD 软件设计样品，并制作一个多功能折叠鞋的样品。 活动结束后，学生能够： (1) 使用 CAD 软件设计鞋子的结构图样； (2) 利用力学知识和结构学知识，实现鞋跟的折叠功能或者拆卸功能； (3) 熟悉基本的市场营销过程，拍摄多媒体宣传资料和设计推广方案		
科学与工程实践	学科核心概念	跨学科概念
开发和使用模型	1. 力：改变物体运动状态或形变的根本原因。 2. 冲量：平均作用力×时间变化＝动量变化。衡量鞋子撞到地面的"硬"程度。 3. 压强：作用于单位面积的力	结构与功能

三、教学过程

如表 2-13-2 所示，本课例的实践活动建议通过 4 课时（共 160min）完成，可视实际教学情况灵活调整。

表 2-13-2 教学过程

课时	教学环节	教师活动	学生活动
1	明确任务 回顾概念	认识需求：指引学生对鞋子功能进行总结归类。穿着高跟鞋是一种社交礼仪，但是对于那些穿着者来说会造成一些背部、膝盖和脚踝的问题。如果高跟鞋能够轻松转换成平底鞋，那么穿着者就可以根据场合（如驾驶汽车时）在两种款式之间切换，增加舒适度且减少脚的损伤	1. 将班级同学划分为 3~4 人的小组。 2. 分小组分析不同鞋子的功能，认识鞋子不同部位的受力情况
	任务分析	聚焦鞋跟的分析：脚在高跟鞋中的位置不利于腿部对齐，并且不能长时间穿着高跟鞋	为了确保学生能弄清楚力、压强和表面积之间的关系，让每个团队使用一位团队成员的鞋完成受力分析图表
	提出方案	整理信息： 1. 列出需要考虑的事项：是否有其他人制造了"折叠鞋"？需要多少衬垫来支撑运动鞋？衬垫如何分布在运动鞋的鞋底上？不导致健康问题的安全鞋跟最高多少？鞋头的形状是否重要？ 2. 画出鞋子样品的设计草图，初步确定制作材料	1. 完成背景调查信息分类分析。 2. 从功能上选择可折叠式设计或可拆卸式设计。 3. 每个小组准备他们的鞋子样品制作过程中所需的材料
	选择方案	规划项目，制订计划： 对学生提出指导意见：需要做什么？确定花在头脑风暴和研究问题上的时间。需要花费多少时间构建第一个样品？是否有时间重新设计样品	1. 小组集中阐述设计需求：从设计过程的开始阶段就认清需求：定位问题。例如，大多数鞋子只有一个功能。或者说，大多数运动鞋都不适合讲究衣着的场合。又或者，考虑穿高跟鞋对健康的影响，能够快速卸下鞋跟将是有好处的，例如，驾驶汽车时，运动时。 2. 根据需要，综合背景部分所述内容，仔细检查项目的步骤
2	实施方案	1. 选择最有希望的方案：每个项目都有一定的局限性。这个项目受到材料、时间和人员的限制。最有希望的解决方案能在有限条件下满足所有要求。 2. 制作样品原型：样品是最终产品的运行版本。它用于演示这个方案，本项目制作的多功能折叠鞋，将是最终的可交付产品。样品进一步用作生产最终产品的模型	分步骤制作样品： 1. 给学生约 60min 制作鞋底。鞋底可能由切割成脚的形状的泡沫芯板制成，并覆盖了一层薄橡胶板用于抓地。在泡沫板上制作折痕以对应于脚、脚趾和足弓关节，这使得鞋具有高跟鞋的形状。 2. 接下来，让学生制作可拆卸或可伸缩的鞋跟。举例说明，鞋跟可以由木质销钉制而成，并且用铰链连接，使得它能在鞋子下面摆动，在不使用时嵌入橡胶底座中的狭缝中，或者像按钮扣子那样完全拆卸下来。制作时间为 30~90min，具体取决于使用的伸缩鞋跟或拆卸鞋跟的方法。 4. 使用金属片制作高跟鞋的形状。使用魔术贴和热胶将其固定在鞋子的柔软鞋底上，使其可拆卸。这一步骤需要 30min

续表

课时	教学环节	教师活动	学生活动
2	测试方案	1. 检测样品： 样品原型必须满足项目开始设定的要求。我们项目要求鞋必须是可穿戴的，而且能在高跟鞋和平底鞋之间转换。 2. 评估检测结果： 指导学生检查它是否有效？鞋跟可以缩吗？鞋子可以承受一个人的重量吗？它看上去有吸引力吗	1. 完善样品结构：用2h的时间来完成设计的鞋子（或更长时间，取决于他们的设计的复杂性）。在这个阶段，让学生使用热胶或缝纫技术将织物黏附在鞋底，构造鞋子的上部。 2. 完善鞋子固定部分结构：学生需要为鞋子设计紧固系统，可能使用鞋带、魔术贴或搭扣。让学生装饰鞋子，使其成为独一无二的作品。 3. 进行功能的检查
3	改进方案	重新设计： 大多数工程师多次完成设计循环以达到最终产品。如果时间有限，那么学生可以描述：如果有更多时间他们会改进设计的什么地方；如果时间允许，学生可以重新设计并优化鞋子的某些方面	如果必要，可以在课下重复流程，选择更加优化的方案设计、制作样品
4	展示成果	营销策略讨论： 1. 指导学生拍摄宣传效果图或者视频短片； 2. 组织展示会，播放广告片； 3. 指导学生对实现功能的鞋子样品制作受力分析图表，加强对功能的认识	1. 编写一个30s的广告脚本，突出鞋子的技术特征，拍摄录像广告在整个班级中展示。 2. 让团队为样品原型制作受力分析图表，包括计算鞋子在不同形态中所经受的压强和压力
4	反思与评价	组织学生开展评价活动。提醒学生，现实世界的工程师在完成设计准备制作之前，需要改进多次以完成设计过程	1. 以小组为单位对每组的鞋子样品开展评价活动。让每个小组解释各自鞋子的独特特征，以及切换模式的机制。 2. 讨论如果有更多的时间，学生会做出哪些改进

四、STEAM 要素

（一）科学原理

当人们走在路面上时，穿不同的鞋子对地面所产生的压强不同。物体表面受到的压力与受力面积的比叫压强，因此由于鞋底与地面的接触面积不同，造成穿平底鞋和高跟鞋对地压强不同。当人们快速且大步地行走时，鞋跟会承受巨大的扭力，容易造成脚腕受伤。穿着高跟鞋行走时，整个脚底不会全部接触地面，需要与地面接触的脚掌和脚后跟为整只脚提供支撑。因此，设计高跟鞋时，鞋底需要选择较为坚硬的材质以保持鞋的形状不变，也为了防止足弓受伤、鞋子的中间部分发生塌陷。

另一方面，跑步鞋必须能够承受跑步者每次迈步时撞击地面的冲击力，并且确保没有打滑，这样跑步者才能前进。跑步鞋必须提供足够的措施防止脚受伤，同时也要足够柔韧，让脚随着步幅弯曲。

（二）技术难点

大多数运动鞋都不适合讲究衣着的场合。高跟鞋需要在足弓下方提供结构支撑，并需要保持足跟贴服。运动鞋需要柔软的鞋底和紧固的系统，因此穿着者可以通过绑紧鞋带来使运动鞋固定在自己脚上。而高跟鞋与运动鞋进行切换可通过拆卸技术来实现。

（三）艺术展现

（1）整个团队为样品原型制作受力分析图，需要注意图的美观性。同时，需要计算鞋子在不同形态中所经受的压强和压力。

（2）在教师的指导下，学生对所设计的鞋子进行拍照或拍摄短视频，制作出时长 30s 的广告，需突出鞋子的技术特征。在班级进行销售的过程中，使用广告进行宣传。

五、活动剪影

如图 2-13-1 所示为鞋底受力分析图。

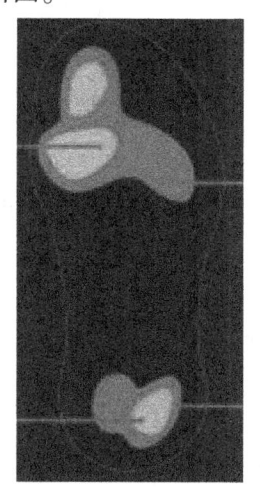

图 2-13-1　鞋底受力分析图——黄色代表压强更大的区域

课例 14　社区智能交通信号灯的设计

一、活动概述

学校路口，由于上学和放学时段车流量增多，平时通畅的道路变得堵塞，给大家带来不便和安全隐患。调节交通灯的变化时间，可以缓解单方向的堵塞，营造一个更加高效的交通环境。

学生在设计一款智能的交通信号灯时，鼓励他们观察自己学校所在路段的交通信息，记录车辆拥堵时间。指导学生阅读相关论文，利用数学软件优化交通灯绿灯和红灯交替的时间，使学校路段通行时间变短，同时不过多地影响另一个方向的通行，从而使学校周边获得更加通畅的交通体验，为实时路况提供智能解决方案。学生在这个项目式学习过程中，要将自己的思路、能力和产品展示出来，所以学生将要制作学校路口的实物模型和智能交通灯模型，分别使用光刻的模板来组装学校外道路模型，和使用电路板和发光二极管来制作智能交通灯模型。使用实物模型和智能交通灯演示升级后的交通优化方案。

二、教学目标

通过完成本课例的实践活动，学生应达到以下三个维度的要求，如表 2-14-1 所示。

表 2-14-1　教学目标

实践任务： (1) 调查学校所在社区的上学、放学高峰期的车流量情况，记录数据； (2) 应用 Mathematica 编写程序，模拟交通情况和信号灯时长； (3) 利用 Arduino 软件、电路板和电气元件，参考数学建模的数值，应用电学等相关知识设计电路，展示交通信号灯的智能变换		
科学与工程实践	学科核心概念	跨学科概念
开发和使用模型	1. 电路：各类电学元件组成的闭合回路。 2. 发光二极管：一种电学元件，具有单向导通性。 3. 数学建模：通过输入量和函数关系，得到函数对应值的最优解	1. 结构与功能。 2. 系统与系统模型。 3. 变化与恒定。

三、教学过程

如表 2-14-2 所示，本课例的实践活动建议通过 5 课时（共 200min）完成，可视实际教学情况灵活调整。

课例 14　社区智能交通信号灯的设计

表 2-14-2　教学过程

课时	教学环节	教师活动	学生活动
1-2	明确任务，回顾概念	1. 确定研究对象：学校所在社区的路口交通灯。 2. 设计交通流量调查表格，用于记录高峰期两个方向的车流量和平均通行时间。 3. 提出任务：使社区路口的交通灯智能化，力争缓解高峰期的拥堵情况	1. 背景调研：选择上学和放学两个时间段，确定研究的路口，记录车流量数据。 2. 小组讨论：固定时间变换的交通灯，在高峰期是否会让车辆出现拥堵情况，是否某个方向更加突出。 3. 明确本课的任务：合理设计交通灯的变化时间
	任务分析	1. 说明所要设计的智能交通灯需具备何种功能。 2. 拆解任务，分步实施。 （1）如何获得交通流量数据？ （2）如何确定研究对象，选择需要优化的交通灯信号？ （3）如何建立数学模型研究？ （4）如何演示交通灯信号变换情况？ （5）如何展示交通控制系统？ （6）如何检验控制系统，进一步开展研究？ 3. 明确小组成员内的任务分配	1. 针对调研情况，确定研究方向。 2. 分析任务要求。 3. 查阅资料，列出清单，学习交通灯的工作原理，并研究数学建模工具和交通灯模型演示工具
	提出方案	1. 调查高峰期路口的交通流量情况。 2. 记录东西、南北方向的通行时长。 3. 练习使用 Mathematica 软件，熟悉指令。 4. 建立数学模型，利用数学软件优化交通灯的变化时间，优化车辆通行的总时长。 5. 完成电路实验，模拟交通灯。 6. 小组展示：对应不同的车流量情况，展示交通灯的系统控制情况。 6 进阶方案：如果增加黄灯，控制情况变复杂，将会设计什么样的方案	1. 讨论基本方案和实施步骤。 2. 提前安装好计算机软件，并准备电路实验的元件清单。 3. 小组成员讨论，分配好各自的研究重点：实地调研，数学建模和电路模拟实验。 4. 熟悉研究步骤
	选择方案	1. 通过小组展示实地调研的结果，展示记录数据，确定 3 个交通堵塞最严重的路口，作为智能交通灯的控制系统研究对象。 2. 在数学软件中建立模型，研究通行时间的优化。 3. 教师指导学生修改程序，并确定演示电路的方案设计。 4.（可选）增加传感器，在电路演示中把实时的交通情况作为输入量，增加智能控制的程度	1. 展示实地调研的结果，进行班级讨论。 2. 根据结果讨论，确定每个小组的研究对象；明确要改进的优化时间。 3. 选择方案，确定研究软件。 4. 购买电气元件
3	实施方案	1. 进行实地调研，得到交通流量记录。 2. 使用 Mathematica 软件进行数学建模。 3. 利用 Arduino 软件和电路知识设计电路，参考数学建模的数据，进行实际电路模拟。 4. 进行整体测试。 5. 制作实物模型，展示模拟交通灯系统，推测优化效果	1. 完成数据记录表格。 2. 小组创建自己的交通灯设计和问题解决方案，建立数学模型。 3. 完成电路实验。 4. 制作实物模型，完成智能交通灯的展示模型

续表

课时	教学环节	教师活动	学生活动
3	测试方案	根据项目要求，指导学生进行故障排除，验证代码是否正常工作等来实现交通灯的正常工作，是否在指定时间改变信号切换的时间	完成调试和检查，实现模型设计
4	改进方案	1. 提出挑战任务：如果增加黄灯，如何使交通灯闪烁，并引导学生完成该项设计。 2. 如果在电路中增加传感器元件，实时获得车流量的信息，如何调整交通信号灯的控制系统，优化通行时间	找出存在的关键问题，并进行原因分析。例如， 1. 解决交通灯的变化时长问题。 2. 展示改进后的各个方向通行时间。 3. （可选）增加黄灯或者对整个交通灯进行优化设计
5	展示交流	要求：以小组为单位展示模型，说明实际的交通情况，展示智能交通信号灯，并说明建模依据，控制系统原理和电路实验原理，展示改进后的预设交通情况。 考查学生的小组合作程度和项目完成的程度	制作完成后，让学生进行实际交通灯设计展示交流，让学生评选"最高智能"、"最优效果"等奖项
5	反思与评价	指导学生对交通灯进行修改，以完成最终的设计，帮助学生完成项目分析报告，帮助学生思考进阶方案，利用课下时间设计实施	撰写书面分析报告，进行设计反思

四、STEAM 要素

（一）科学原理

车辆流量与交通灯控制时间之间的关系可以建立数学模型，通过参数控制来讨论各个方向通行时间的优化方案，以保障通行总时间最短。将数学的线性规划原理应用于交通控制，往往需要复杂函数的计算过程，现代的数学软件可以帮助学生简单编程，得到优化解。

（二）技术难点

Mathematica 软件帮助命令很详细，编程格式比较自由。绘图功能和动画功能强大，需要学生掌握基本的函数命令。

Arduino 语言极易掌握，具有足够的灵活性。不需要太多的单片机基础、编程基础，简单学习后，可快速进行开发；其硬件原理图、电路图、IDE 软件及核心库文件都是开源的，在开源协议范围内里可以任意修改原始设计及相应代码。因为 Arduino 的种种优势，越来越多专业硬件开发者已经开始使用 Arduino 来开发项目、产品，同时利用电路板搭建并测试电路，这些都需要一定的电路基础知识。

（三）工程应用

智能交通灯可以应用城市交通，配合数学建模和传感器可以进一步建立智能交通系统，为城市交通的改善打下基础。

（四）阅读写作

撰写提案、报告和说明手册可以很好地锻炼学生的写作能力，用详细、具体的语言表达出自己的想法，借助图像等形式使表达的内容更形象和具体。

（五）社会人文

交通信号灯是控制交通的重要工具，为交通安全提供基本保障。学生应该更加关注社会，关注社区，提升居住环境，使交通出行更为便利。

课例 15　妙用简单机械

一、活动概述

简单机械是构成各种机械的基本元素，一般有以下六种：斜面、楔、螺丝钉、杠杆、轮轴、滑轮。这些基本元素通常会应用在生活、生产的不同场景中，可以省力、省距离或者改变施力的方向。例如，使用斜面提升重物或杠杆撬动重物时可以省力、使用轮轴带动大轮可以省距离，使用滑轮吊重物时将绳子穿过滑轮可以改变力的方向。简单机械是这样为人类的生活和工作服务的。

本项目要求学生选择合适的材料、工具，配合简单机械构成联动系统，至少完成以下三个任务中的一个：（1）把金鱼捞进碗里；（2）吹气球；（3）把薄荷糖放进汽水里。由于指定任务是使用简单机械无法直接完成的，所以学生需要使用简单机械和相关的材料、工具制造出更为复杂而精准的联动机械系统。最后，学生只须启动联动机械系统的开关，触发系统运作就能够完成指定任务。这个过程可以培养学生的观察能力、知识迁移能力、创新能力、逆向思维的能力。同时，在完成指定任务的过程中，学生需要自己设计工程机械图，这非常有利于培养学生的空间想象能力和逻辑思维能力。同时，所有指定的任务都具备一定的难度，学生需要不断探索尝试才能最终成功，这样一些探究的过程也可以培养学生百折不挠的品质。

二、教学目标

通过完成本课例的实践任务，学生应达到以下三个维度的要求，如表 2-15-1 所示。

表 2-15-1　教学目标

实践任务：选择合适的材料、工具，配合简单机械构成联动系统，至少完成以下三个任务中的一个：（1）把金鱼捞进碗里；（2）吹气球；（3）把薄荷糖放进汽水里。 活动完成后，学生能够： （1）理解六种简单机械的工作原理，学会利用简单机械制作更为复杂的联动系统； （2）通过制作联动系统，了解工程设计的流程，掌握使用简单机械的方法； （3）通过对系统反复调试，培养严谨的科学态度，体会简单机械给生活带来的便利			
科学与工程实践	学科核心概念	跨学科概念
开发和使用模型	1. 斜面：倾斜的平面。 2. 楔块：由两个斜面或一个尖角曲面组成尖形物块。 3. 滑轮：一个周边有槽，能够绕轴转动的小轮。 4. 螺丝钉：一类一端有带槽或带凹窝的锥形头，另一端尖锐锋利，中部带有螺纹的圆柱形或圆锥形的金属杆。 5. 轮轴：一个附带着轮子的杠。 6. 杠杆：一根在力的作用下能绕着固定点转动的硬棒	1. 结构与功能。 2. 系统与系统模型

三、教学过程

如表 2-15-2 所示,本课例的实践活动建议通过 2 课时(共 80min)完成,可视实际教学情况灵活调整。

表 2-15-2 教学过程

课时	教学环节	教师活动	学生活动
1	明确任务 回顾概念	1. 引导学生回忆简单机械的种类及其应用。 2. 将网络上一些利用简单机械制造的联动机械系统的展示视频播放给学生看。 3. 公布三个任务,要求学生从中选择一个,并在 60min 内完成任务。 (1) 把金鱼捞进碗里; (2) 吹气球; (3) 把薄荷糖放进汽水里。 4. 向学生分发材料、工具	1. 回忆简单机械的种类和应用。 2. 学生观看利用简单机械制造的联动机械系统的展示视频。 3. 学生分小组,以小组的形式选择一个任务。 4. 学生领取材料、工具
	任务分析	学生讨论交流以下几个问题: 1. 为了完成任务,将可能需要用到哪些器材或工具。 提示:不要忽略在任务中需要消耗哪些材料、需要借助哪些工具。 2. 请学生按联动机械系统内各个简单机械执行操作的时间顺序,考虑在完成机械系统制造的过程中可能遇到的困难有什么。 提示:任务的目的是什么?有哪些限制条件?哪些要求可以做到,通过什么方式做到?哪些难以达到?——列举出来。 教师巡视学生任务分析情况,若必要,给予学生一定的指导	各小组的学生根据领取的任务,在开始制造之前集思广益,并在一些细节上缜密思考,分析该任务需要使用哪些简单机械,并在领取的材料中选择适合的材料和工具
	提出方案	引导学生:讨论可以完成任务的联动机械系统的大致构造,需要哪些材料,材料与材料之间如何连接;再分工:例如,擅长绘画的同学可以选择绘制联动机械系统的草图,对尺寸比较敏感的同学可以挑选材料,动手能力强的同学可以准备工具…… 提示:结构系统是产品功能实现的硬件,是实现产品功能的前提,反映了设计对象是由哪些零部件构成的,以及如何构成的,还可以反映各个零部件之间的相互关系。每一个功能的实现都有相应的物质结构基础,它们是各种功能的结构单元。产品的结构系统与功能系统共存于产品这一共同体中,缺一不可。思考它们都发挥了哪些作用,还能通过怎样的方式相互衔接,从而形成联动系统。 教师观察学生绘制的草图,给予学生一定的帮助,切忌随便纠错(因为错误是成长的机会)	小组内的学生根据分析的结果绘制应用简单机械制造联动系统的草图
	选择方案	巡视学生,不过多评价	小组根据草图讨论交流,选择他们认为最合适的方案

续表

课时	教学环节	教师活动	学生活动
2	实施方案	引导学生根据选择的方案，制造出设想的联动机械系统。 引导学生记录在制造机械系统时，使用了哪些简单机械？先后顺序是什么？各个简单机械发挥了什么作用？它们如何启动，如何相互衔接？ 在教室里巡视，询问学生制造什么，简单机械在哪里发挥作用，加深学生对简单器械的理解	1. 在制造联动机械系统前，先练习使用各种简单机械。 2. 设计好方案草图之后，考虑到某些简单机械被固定后更改不方便或会导致其他更多的地方要更改，故请勿直接固定联动机械系统。建议先将设计的方案涉及的所有材料摆放好，根据方案设计的要求拨组成联动机械系统的各个部件，初步观察机械系统里的各个部件能否按要求联动。如果不能，调整联动机械系统里各个简单机械的位置，以达到最佳效果；如果可以，按照设计方案固定和安装好联动机械系统里涉及的所有简单机械和其他材料
	测试方案	引导学生思考使用所制造的机械联动系统完成指定任务时是否有困难？如果有，记录下来。如果没有，请学生阐述在前期的讨论环节中，所设计的方案通过哪些方式去解决或避免这些问题。 在教室来回巡视，观察各小组的任务完成情况，提醒学生注意时间	学生利用制造出的联动机械系统完成领取的任务
	改进方案	观察学生的改进方案，给予适当的积极评价，鼓舞学生斗志	学生在完成任务的时候，可能不能一次成功，根据出现的问题做出相应的改进方案
	展示成果	安排学生展示制造成果	每个小组指出联动系统中的每个简单机械，然后向全班同学展示制造成果
	反思与评价	组织学生完成任务反思表和活动评价表，根据评分宣布获胜小组。 安排学生对垃圾和回收材料进行清理和分类，并将工具归还到器材室	完成任务反思表和活动评价表 对垃圾和回收材料进行清理和分类，并将工具归还到器材室

四、STEAM 要素

(一) 科学原理

斜面：倾斜的平面。将物体沿着一个斜面移动到一个更高的点，会增加物体需要移动的距离，但会减少所需要施加的力。例如，古埃及的劳动人民利用斜坡把巨大的石块推上金字塔的顶部；如今，搬运较重的家具或其他物品时用斜面把家具从地面移动到卡车或面包车上。

楔块：一种简单机械，它可以由两个斜面或一个尖角曲面组成。楔块可以在物体上开洞、切割或放置孔。例如，有的钉子被嵌入木头尖的尖部，露出小而尖的尖端，这样就可以劈开木头；斧头的尖端很薄，可以劈进木头里。

滑轮：一个实心环和一个滚轮的组合，滑轮可减少向上拉动物体的摩擦，借助滑轮还可以改进提升物体作用力的方向。例如，在健身房里安装一台举重机，需要将举重机抬到一定的高度，我们可以在房顶的横梁或管道上挂上足够粗的绳子，粗绳一端绑住举重机，另一端向下拉，就可以使举重机上升了。

螺丝钉：由斜面和楔块这两个简单的机械组成。螺钉的尖端是楔形的，螺钉的螺纹是一个很长的斜面，缠绕在螺丝钉的主体上。螺丝钉能把东西固定住。使用螺丝钉时，钉头的楔可以在木头上开一个孔，然后旋转螺丝钉，使螺丝钉进入木头，虽然螺丝钉旋转的路程比螺丝钉进入木头的距离要长，但是我们却更省力。一旦螺纹进入木头，螺丝钉就固定在木头内部了；类似的还有其他例子：罐子上的旋转扭盖、机器虎钳——能把一块木板紧紧夹住。

轮轴：由一个附带着轮子的杠组成，轮子的直径远大于轴。由于轴的直径更小，转动时需要更小的距离，所以通过转动轴，轮子更容易转动，例如，汽车、滑板、摩天轮。

杠杆：一个长而直的硬杆，它能用更少的力举起物体。支点是杆绕其旋转的固定点。杠杆平衡时杆的较长端上的力较小，较短端上的力较大。几乎任何有手柄的东西都可以作为杠杆。例如，跷跷板、用锤子的爪端从木头上撬出钉子，使用杠杆原理的钉锤，在手柄端只用一点点的力，也会在钉锤端产生很大的作用力，从而拔出钉子。

(二) 技术难点

设计联动机械系统，既要求学生能考虑机械与机械之间的连接与协作，又要求学生熟知各简单机械的具体功能，按照各机械的特性在系统中发挥作用。

设计制作捞金鱼系统时，学生需要考虑如何精确捕捉金鱼、如何使用杠杆或斜面等简单机械把金鱼转移到碗里？

在制作吹气球系统时，学生需要考虑如何对抗大气压强，从而使气球膨胀，简单机械能从哪些方面使气体膨胀或撑大体积从而达到吹气球的目的？

在制作"将薄荷糖放入汽水中"的系统时需要思考：如何捕捉小而滑的薄荷糖并将其放入汽水中，或者考虑如何用简单机械拆掉汽水的外包装，并将其倒入装有薄荷糖的容器中。

(三) 工程应用

简单机械是当下一切机器的最基本构成元素。完成本次较为"自动化"的工程设计，学生将更加了解简单机械在日常生活中的应用。在最后的测试、修改、再测试的环节中，学生将体会到工程设计的循环过程与严谨性。

(四) 数学应用

在设计系统草图的过程中，充分训练了学生的空间想象能力，进一步加深了学生对空间几何的理解与应用。同时，等比例绘制工程图能加深学生对数形结合的理解，能更好地进行长度数据与几何的转换。

（五）艺术展现

学生只须按下初始按钮，便能完成一系列的工程活动。这样的工程活动体现了机械系统的趣味性与美观。

（六）阅读写作

阅读查找"多米诺骨牌式"机械联动系统的相关资料，了解其运作方式及特征，归纳梳理。

课例 16　多彩喷泉

一、活动概述

喷泉实验是中学化学的一个经典实验，集化学、物理、数学知识于一体，具有操作简单、现象明显的优点，且引发喷泉的物质可有多种选择（如 NH_3 和水、HCl 和水、CO_2 和 NaOH 等），所以一线化学教师都愿意在课堂上演示该实验，以此激发学生的学习兴趣，提高学生的学习热情。

本项目将手持技术融入喷泉实验的设计之中，使用压强传感器实时检测喷泉实验中压强的变化，学生就可以从直观数据的变化中得知压强的变化。该项目既可以促进学生从定量的角度认识喷泉实验的原理；又可以降低学生从形象实验事实到抽象实验原理的分析难度。同时，还可以帮助学生理解相似相溶原理，以及分子极性和溶解度之间关系的知识点。整个项目过程将化学反应、物理变化、现代科技集于一体，实验现象明显，趣味性浓，互动性强，激发学生的兴趣，活跃学生的思维，寓教于乐。

二、教学目标

通过完成本课例的实践活动，学生应达到以下三个维度的要求，如表 2-16-1 所示。

表 2-16-1　教学目标

实践任务：制作多彩小喷泉并用压力传感器观测压力变化。		
活动结束后，学生能够：		
（1）理解制作喷泉的原理，掌握制作喷泉的实践操作；		
（2）通过使用气体压力传感器观测喷泉瓶、反应瓶中的压力，掌握使用现代科技收集、观测数据的方法；		
（3）通过观察喷泉的多彩变化，体验实验的乐趣；通过定量分析压力的变化培养严谨的科学态度。		
科学与工程实践	学科核心概念	跨学科概念
1. 制作多彩小喷泉。 2. 使用压力传感器观测数据	1. 分子极性：在化学中，极性指一个共价键或一个共价分子中电荷分布的不均匀性。 2. 溶解度：在一定温度下，某固态物质在 100g 溶剂中达到饱和状态时所溶解的溶质的质量，叫作这种物质在这种溶剂中的溶解度	结构与功能

三、教学过程

如表 2-16-2 所示，本课例的实践活动建议通过 4 课时（共 160min）完成，可视实际教学情况灵活调整。

表 2-16-2　教学过程

课时	教学环节	教师活动	学生活动
1	明确任务回顾概念	任务：制作多彩小喷泉并用气体压力传感器观测相应的压力变化。 　　要形成喷泉，则必有 $p_{瓶内}+p_{水柱}<p_{瓶外}$，即瓶内外压强差 $\Delta p > p_{水柱}$，而要使喷泉现象明显，需使 Δp 足够大，而增大 Δp 的途径有两种：增大瓶外压强（正压喷泉）或者减小瓶内压强（负压喷泉）。 （1）正压喷泉：氢氧化钠溶液能吸收二氧化碳气体，使软塑料瓶里的氢氧化钠稀溶液被吸入三口烧瓶中；三口烧瓶内的金属钠能跟水反应，放出氢气，造成正压，流入三口烧瓶内的氢氧化钠稀溶液又被压回软塑料瓶中。 （2）负压喷泉：通过三口烧瓶中的氨气溶于水（在常温下，1 体积水大约可溶解 700 体积的氨气），致使三口烧瓶内的气体压强迅速减小，小于外界大气压，从而将抽滤瓶和烧杯中的溶液分别泵入三口烧瓶和磨口圆底烧瓶中	学生回忆相关知识，完成教学用书上的习题，并由小组确定做正压喷泉实验或负压喷泉实验
	任务分析	氨气溶于水时大部分形成 $NH_3 \cdot H_2O$，在常温下约有 1% 电离形成 NH_4^+ 和 OH^-，所以氨水呈弱碱性，能使含有酚酞的溶液变红。 将 H_2O_2、丙二酸、$MnSO_4$ 和淀粉的 A 溶液与 H_2SO_4 酸化 KIO_3 的 B 溶液混合。此时，溶液颜色在蓝色、琥珀色、无色三者间反复变化，主要化学反应如下： $2KIO_3+5H_2O_2+H_2SO_4 \xrightarrow{Mn^{2+}} I_2+K_2SO_4+6H_2O+5O_2\uparrow$ $I_2+K_2SO_4+5H_2O_2 \longrightarrow 2KIO_3+H_2SO_4+4H_2O$ 反应过程中呈现的颜色： ①蓝色为游离碘 I_2 和碘离子 I^- 结合生成 I_3^-，遇淀粉变蓝。 ②无色为 I_2 与 $CH_2(COOH)_2$ 作用生成 $ICH(COOH)_2$。 ③琥珀色为 Mn^{3+} 与 Mn^{2+} 共存时的颜色	学生根据已选择的实验，小组内部讨论，需要用什么试剂或仪器，在做实验的过程中应该注意哪些操作，可能会遇到什么困难
	提出方案	将学生分成若干个小组。巡视学生的完成情况，适当给予帮助	学生设计制造喷泉的实验及观测压力的方案，并画出草图
	选择方案	引导学生选择合适的方案。将巡视看到的明显不合适的环节提出来，引导学生分析讨论	小组内部相互讨论，选择最合适的方案
2	实施方案	在教室巡视，观察学生操作，给予适当的指导	学生根据小组选择的方案安装好制造喷泉的实验仪器并连接好气体压力传感器和显示设备
	测试方案	在教室巡视，观察学生操作，询问学生利用什么方法形成了喷泉，加深学生对喷泉实验的理解	学生将化学试剂放入反应瓶中，观察实验现象，观测压力变化数据

续表

课时	教学环节	教师活动	学生活动
3	改进方案	根据情况，如果学生有需要，指导学生改进方案	若方案实施中出现问题，学生针对方案中出现的问题进行改进
4	展示成果	启动多媒体设备分享学生的观测数据	学生将完成的实验和观测的数据展示给其他同学
	反思与评价	总结学生在实验过程的做得好的环节和有待改进的环节，鼓励学生多动手	各小组之间相互点评

四、STEAM 要素

（一）科学原理

1. 喷泉实验原理

要形成喷泉，则必有 $p_{瓶内}+p_{水柱}<p_{瓶外}$，即瓶内外压强差 $\Delta p>p_{水柱}$。而要使喷泉现象明显，需使 Δp 足够大。增大 Δp 的途径有两种：增大瓶外压强（正压喷泉）或者减小瓶内压强（负压喷泉）。

（1）正压喷泉：氢氧化钠溶液能吸收二氧化碳气体，使软塑料瓶里的氢氧化钠稀溶液被吸入三口烧瓶中；三口烧瓶内的金属钠能跟水反应，放出氢气，造成正压，流入三口烧瓶内的氢氧化钠稀溶液又被压回软塑料瓶中。

（2）负压喷泉：通过将三口烧瓶中的氨气溶于水（在常温下，1 体积水大约可溶解 700 体积的氨气），致使三口烧瓶内的气体压强迅速减小，小于外界大气压，从而将抽滤瓶和烧杯中的溶液分别泵入三口烧瓶和磨口圆底烧瓶中。

氨气溶于水时大部分形成 $NH_3 \cdot H_2O$，在常温下约有 1%电离形成 NH_4^+ 和 OH^-，所以氨水呈弱碱性，能使含有酚酞的溶液变红。

将 H_2O_2、丙二酸、$MnSO_4$ 和淀粉的 A 溶液与 H_2SO_4 酸化 KIO_3 的 B 溶液混合。此时，溶液颜色在蓝色、琥珀色、无色三者间反复变化，主要化学反应如下：

$$2KIO_3+5H_2O_2+H_2SO_4 \xrightarrow{Mn^{2+}} I_2+K_2SO_4+6H_2O+5O_2\uparrow$$

$$I_2+K_2SO_4+5H_2O_2 \longrightarrow 2KIO_3+H_2SO_4+4H_2O$$

反应过程中呈现的颜色：

①蓝色为游离碘 I_2 和碘离子 I^- 结合生成 I_3^-，遇淀粉变蓝。

②无色为 I_2 与 $CH_2(COOH)_2$ 作用生成 $ICH(COOH)_2$。

③琥珀色为 Mn^{3+} 与 Mn^{2+} 共存时的颜色。

2. 气体压力传感器的工作原理

气体压力传感器用于测量绝对压力，其敏感部分是 SenSym SDX30A4 压力转换器。压力转换器有一块按压力变化伸缩的薄膜，薄膜的一边是真空，而另一边开放到大气中。它包含一个特别设计的电路，用来减少温度变化可能导致的误差。气体压力传感器内部有一个放大电路来调整压力转换器的信号，使用这个电路，气体压力传感器的输出电压与压力保持线性关系，由 0.00V 对应的 0kPa（0 大气压）到 4.6V 对应的传感器最高压力的 210kPa（2.1 大气压）。

（二）技术难点

1. 实验的操作要求精准，对学生操作熟练程度要求较高。
2. 由于要测量瓶内压力，对各接口处的密封要求较高，各自接口连接要特别细心。

（三）数学应用

使用压力传感器和相应的软件处理数据，这是现代数学在计算机的应用。引发正压喷泉实验过程中，三口烧瓶内二氧化碳和气体压强的变化。

第一阶段，由于氢氧化钠溶液能吸收二氧化碳气体，三口烧瓶内部二氧化碳浓度下降，上方塑料瓶内的液体立即被吸入三口烧瓶中，同时软塑料瓶逐渐收缩而瘪进去，下方压强却基本不变，如图2-16-1所示。为什么呢？按理说，下方应该是负压。反复试验后结果一致，推测是由于上方氢氧化钠溶液不断压入下方三口烧瓶中，实现了压力的补充。

第二阶段：金属钠与水发生激烈的反应，并产生大量的氢气，三口烧瓶内的压强增大，如图2-16-1所示，三口烧瓶内的液体又被压入上面的软塑料瓶中，变瘪的软塑料瓶逐渐复原。

第三阶段：待钠与水的反应完成后，集气瓶中收集有一定量的气体，打开止水夹，轻轻挤压软塑料瓶调节气体流速，同时点燃从导管尖嘴口逸出的气体，可以看到气体安静地燃烧，拉出长长的火焰，软塑料瓶中的水，又逐渐下降到三口烧瓶中，三口烧瓶内部压强又逐渐下降，如图2-16-1。

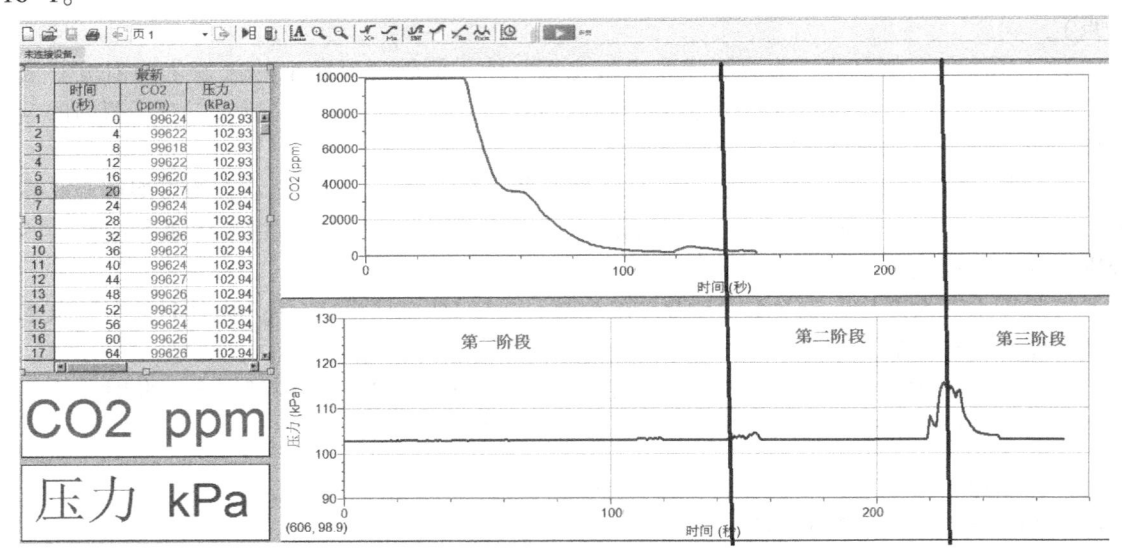

图2-16-1 金属钠与水反应，气体压强变化分为三个阶段

引发负压喷泉的实验中，两口烧瓶和三口烧瓶中压强的变化如图2-16-2所示。两个气体压强传感器压强同时快速下降。

由于氨气迅速溶于水，导致两口烧瓶内压强快速下降，形成红色喷泉。从而，又导致抽滤瓶及另一个三口烧瓶内压强快速下降，两烧杯中的A液和B液同时被吸入三口烧瓶中，大约能充满圆底蒸馏烧瓶体积的四分之三，产生神奇的化学振荡现象。

（四）艺术展现

在这几个喷泉实验中，可以看到钠在水中剧烈反应熔化成银白色的小球浮在水面上四处游动，也可以看到气体安静燃烧拉出的长长火焰，还可以看到烧瓶中的液体琥珀色与蓝色之间反复变化。这些变化，仔细看都富有形与色的美感。

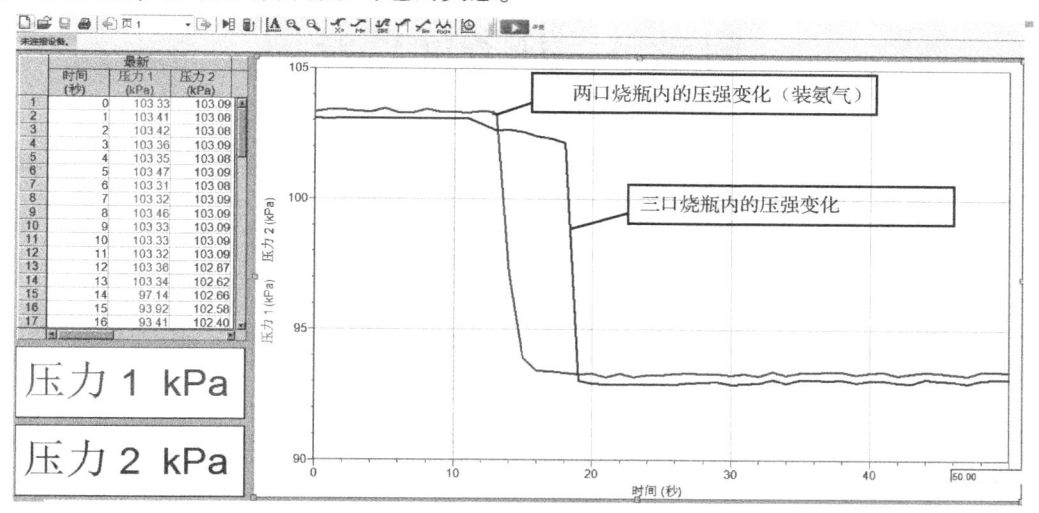

图 2-16-2 两口烧瓶和三口烧瓶中压强的变化

（五）阅读写作

在撰写提案、报告和说明手册时，可以很好地锻炼学生的写作能力，用详细、具体的语言表达出自己的想法，借助图像等形式使表达的内容更形象和具体。

（六）社会人文

随着社会生产水平的进步，数码设备在生活中越来越普及，许多未成年人容易沉迷于电子游戏，甚至许多成年人也沉迷于其中。本案例将数码设备用于有趣的科学实验中，在一定程度上引导了未成年人健康地使用电子设备。

附录 A　任务反思表

日期：　　　　　　年级：　　　　　　姓名：　　　　　　学号：

本次研究中未预料到的事情是：
如果我想在实验中做得更好，我需要：
如果再次进行这项实验时我希望有所提高，应该做的事情是：
在此次项目之后，我希望能够学习更多的事情是：
通过完成这个项目，我意识到：
这个项目中最简单的是：
这个项目中最难的是：
由于完成这次项目，我明白了：

附录 B 合作评价量表

评价说明：请实事求是地对自己和小组成员的任务表现进行评价，自我评价分数填写在"自评"一栏。对小组成员的评价分数填写在"对小组成员的评价"一栏。

日期：　　　　年级：　　　　姓名：　　　　学号：　　　　公司：

评价指标	需努力 (0~2分)	一般 (3~4分)	良好 (5~7分)	优秀 (8~10分)	自评 (分)	对小组成员的评价（分）				
工作态度	总是批评本项目或其他组员的工作。对本任务持负面态度	有时批评本项目或其他组员的工作。对本任务大部分持正面态度	极少批评本项目或其他组员的工作。对本任务基本持正面态度	从不批评本项目或其他组员的工作。对本任务总是持正面态度						
工作质量	所做工作需其他人重做来保证质量	所做工作偶尔需要其他人重做来保证质量	所做工作拥有很高的质量	所做工作拥有最高的质量						
问题解决	让别人完成工作，未尝试解决问题	未提出解决方法，但尝试组员提出的方法	完善其他组员提出的解决方法	积极地探寻和提出解决问题的方法						
任务贡献	在参与小组和班级讨论时极少提供有帮助的想法。拒绝参与	在参与小组和班级讨论时有时提出有帮助的想法。完成所需的工作，是令人愉快的成员	在参与小组和班级讨论时经常提供有帮助的想法。努力地完成工作，是能力强的成员	在参与小组和班级讨论时总是提供有帮助的想法。是贡献很大的小组的领导者						
任务专注度	极少专注于本任务和所需完成的工作。让其他人完成工作	有时专注于本任务和所需完成的工作。其他小组成员需要敦促和提醒你保持工作状态	专注于本任务和所需完成的工作。是值得信赖的组员	稳定地专注于本任务和所需完成的工作。有很强的自我指导能力						

附录 C 展示与交流模块相关的建议和格式

1. 建议

（1）下面列出的 PPT 格式作为参考，不必完全按照该格式进行设计；应以实际操作中，各组员最舒适的设计和演讲方式制作 PPT。

（2）参考"小组演讲评价标准"，为 PPT 制作和演讲准备；建议将演讲和答疑的时间控制在 20min 左右。

（3）正式演讲前，小组成员需决定并熟练每个人负责的演讲内容；在问题与答疑阶段，建议所有小组成员踊跃回答听众提出的问题。

2. 格式

（1）主题。

（2）任务/目标。

（3）首次选择方案（解释方案原理和预期结果）。

（4）模型的制作和优化方案（解释改进的原因）。

（5）优化方案测试结果/评估报告。

（6）小组反思。

（7）问题与答疑（其他同学可以对演讲内容，如不清晰的地方或者方案等，提出疑问，演讲小组成员将要予以回答）。

参照表 C-1，准备小组演讲。小组演讲和评估包含 3 个范畴，9 个方面，共 45 分。将教师的评分、反馈和建议填写到表格的相应位置。

表 C-1 小组演讲评价标准

组别：　　　　　　小组成员：

范畴 1：PPT 结构（10 分）	
（1）PPT 框架结构逻辑合理、清晰	＿＿＿分/5 分
（2）PPT 结合了至少两种视觉元素（图片、数据图、模型结构等）	＿＿＿分/5 分
范畴 2：内容（20 分）	
（1）口头演讲和 PPT 上包含了要求包含的主要信息	＿＿＿分/5 分
（2）口头演讲和 PPT 上的信息内容和相关知识准确无误	＿＿＿分/5 分
（3）能够准确并合理地解释相关概念和现象	＿＿＿分/5 分
（4）整个演讲过程中，展示对相关概念和现象理解的连贯性	＿＿＿分/5 分
范畴 3：小组合作（15 分）	
（1）在活动设计和交流中，每个小组成员都积极参与	＿＿＿分/5 分
（2）小组每个成员都担任了演讲者的任务	＿＿＿分/5 分
（3）小组能相互合作并清晰回答其他小组提出的问题	＿＿＿分/5 分

教师对本小组的反馈和建议：